走进砺智文化 做个智慧家长

王英霞 著

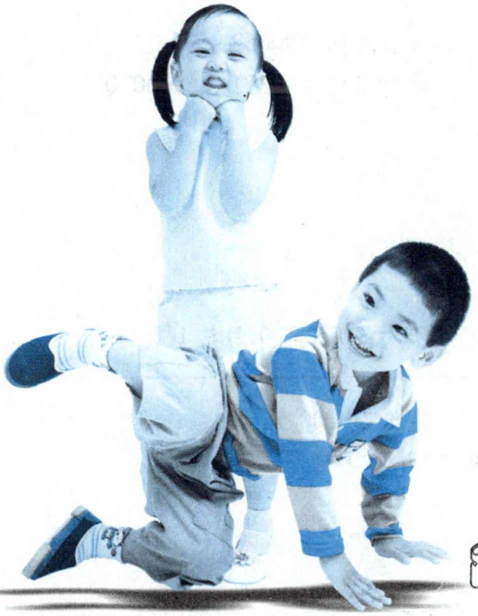

郑州大学出版社
郑 州

图书在版编目(CIP)数据

走向砺智文化　做个智慧家长/王英霞著.—郑州:郑州大学出版社,2013.9
ISBN 978-7-5645-0745-9

Ⅰ.①走…　Ⅱ.①王…　Ⅲ.①家庭教育　Ⅳ.①G78

中国版本图书馆 CIP 数据核字（2013）第 206405 号

郑州大学出版社出版发行
郑州市大学路 40 号　　邮政编码:450052
出版人:王　锋　　发行部电话:0371-66966070
全国新华书店经销
河南写意印刷包装有限公司印制
开本:710 mm×1 010 mm　1/16
印张:13　　彩页:4
字数:253 千字
版次:2013 年 9 月第 1 版　　印次:2013 年 9 月第 1 次印刷

书号:ISBN 978-7-5645-0745-9　　定价:30.00 元

砺智文化德润天下

家庭教育我的责任

砺智文化人生涯规划图

教育家线
教育家
卓越训练师训练
国家高级家庭教育指导师培训
优秀教师
演讲与口才训练
大型公益主持
金牌主持人培训
沙龙讲课
沙龙主持
注册站长
优秀家长
企业家线
企业家
砺智文化股东
战略发展管理委员会委员
大区经理
中心主任
中心副主任
中心委员
注册站长
慈善家线
慈善家
参与砺智文化基金会运作
企业家
家庭教育专家
注册站长
爱心人士线
爱心人士
奉献爱心
影响身边家人
分享成长经验
优秀家长
参加培训、训练
合格家长
写学习感悟
现场沙龙学习
在线视频学习
网上沙龙学习
优秀家长线
优秀家长
参加培训、训练
合格家长
写学习感悟
现场沙龙学习
在线视频学习
网上沙龙学习
会　员

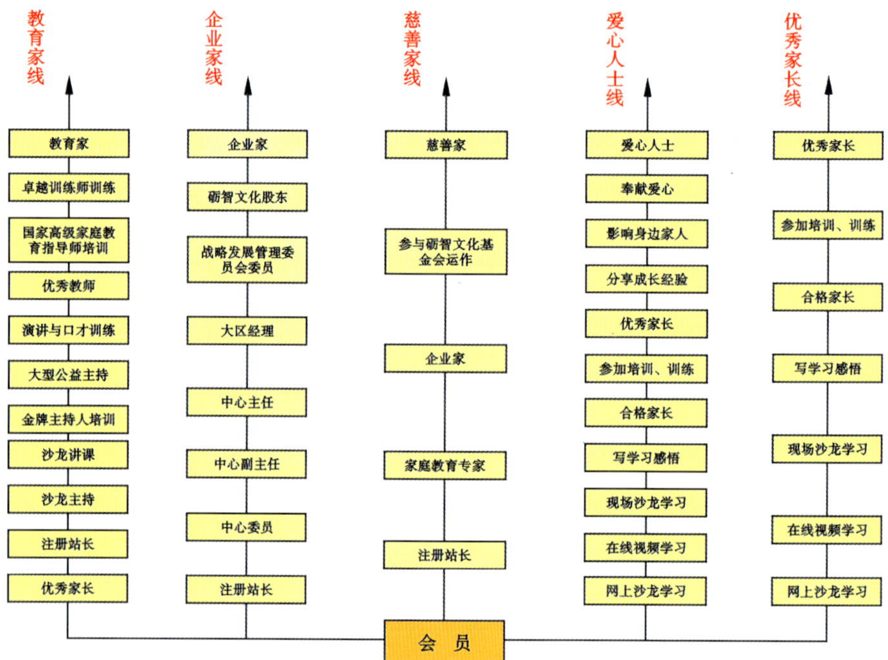

张洁老师（左二）和作者（右二）及
参加第三届砺智文化家庭教育论坛的山东亲人在一起

作者和康健老师、张树锦教授在一起

作者在 2012 年 10 月 1 日砺智文化论坛讲课

康健老师给作者颁发砺智文化讲师证书

北京典蒙教育集团 董事长康进东

砺智文化(七田阳光)幼儿园 园长魏晓娟

砺智文化（新红）全托园 园长牛新红

砺智文化（乖宝贝）幼儿园 园长郑凤霞

砺智文化（金童）幼儿园 园长周迎春

海玮教育集团 董事长李海

迪康乐幼儿园（四川德阳）园长康玉玲

阶梯双语幼儿园（四川泸州）园长陈克英

泸州炭黑厂幼儿园（四川泸州）园长卢家荣

明珠幼儿园（四川绵阳）园长张晓兰

清华幼儿园（四川成都）园长尤艺洁

小状元幼儿园（河南滑州）园长巫凤鹤

兴兴幼稚园（四川成都）园长汪玉清

序

终于读完《走进砺智文化，做个智慧家长》书稿了，我抑制不住内心的激动，总有一种想写点东西的强烈愿望，于是敲响了熟悉的键盘……

从事家庭教育的过程中，经常会有家长提到：我看了很多家庭教育方面的书，看书的时候也很用心领悟其中的教育理念和教育方法，看书的时候也非常激动，用笔画重点，摘抄名人名言……但是，轮到教育自己孩子的时候，一切又都忘了，依然是束手无策，或是又回到了自己错误的理念中。

这样的家长比比皆是，一直陷入“学习—激动—原点—再学习”的家庭教育误区的“泥潭”中不能自拔，究其原因，在于只学习而没有真正吸收，更没有把书中的理念和方法内化成适合自己家庭的教育理念和方法。

砺智文化从2007年10月1日创立之时起，就开始着手解决这一困扰家长的难题。经过深入调查和大量研究，结合心理学理论的运用，最后找到了家长学习家庭教育要走“四悟”心路历程：

1. 醒悟——很多家长依然抱着过时的、陈旧的、迂腐的家庭教育理念昏昏欲睡，这时就需要唤醒。

2. 领悟——走进砺智文化学习后，用心领悟孩子成长的规律和家庭教育的规律。

3. 觉悟——孩子的成长是一个过程，要求家长的学习也必须是一个过程；“觉”是一个点，“悟”是一个过程。

4. 顿悟——随着学习的持续，感悟的深入，总有一天家长会说：哎呀！原来教育孩子是如此的简单！

感悟有两种方式：一是说，也叫分享，把书中的内容分享给身边的家长，说着说着，自己就明白了；二是写，这是最有效的学习方式。砺智文化告诉我们：学习+写感悟，是提升自我的不二法门。

王英霞老师自从2011年8月25日正式成为砺智文化(英霞)家庭教育指导站站长以来,用自己的实际行动践行砺智文化的“学习+写感悟”,首先做到了把自己的孩子教育好,把自己的家庭经营好,凭着自己的爱心和执着影响着身边越来越多的、真心想把自己的孩子教育好的家长。

王英霞老师凭着自己的一颗爱心和20年的幼教工作经验,用心观察身边的每一件小事,用砺智文化家庭教育的理念去思考,然后精心梳理,写成朴实的文字。两年来,每月写15篇,已经完成了345篇感悟,其数量之多、质量之好、坚持之久,实乃可贵至极!

王英霞老师的短文都是从身边司空见惯的小事着手,题目的拟定让人一目了然,如“孩子喜欢打人怎么办?”“怎样对待调皮的孩子?”“问题孩子是谁造成的?”“集中精力玩纸条的孩子”“分床宜早不宜晚”等。每一篇文章只说明一个问题,短小精悍,简洁清晰,分析丝丝入扣,笔触细腻感人。让3~6岁孩子的家长读后有“醍醐灌顶”“当头棒喝”的感觉。每晚睡觉前用5分钟的时间阅读,细细思量后,书中的家庭教育理念和方法就会像一股清泉一样汩汩流进家长的心中,沁人肺腑,润泽心田。久而久之,书中的理念、方法就会植入自己的潜意识中,就开始指导自己的言行了,此时的家长也就真正改变了啊!

每一篇后面都有横线,家长读完后,闭目静神,用心思考,然后拿起笔写下自己的感悟,这个过程就是一个吸收、内化、强化、潜移默化的过程,也是把学到的知识变成自己的教育理念的过程。

砺智文化告诉我们:不学故不知,不求故无得,不思故无感!家庭教育仅仅学习是不够的,关键还在于感悟。

王英霞老师正是“学习+写感悟”的忠实践行者!

以上文字,权且为序。

砺智文化　康健

康健为“砺智文化”品牌创始人,砺智文化首席训练导师、国家高级家庭教育指导师、青少年教育专家。5年多来,足迹遍及辽宁、河北、山西、山东、河南、陕西、宁夏、四川、广东等地,开展砺智文化家庭教育公益讲座1096场,受益家长50多万人次。2013年7月17日“砺智文化”为中国教育学会家庭教育专业委员会批准为“全国家庭教育指导实验基地”。

我眼中的好妈妈

我想让你惊叹

让你惊叹

这一传奇

——题记

时间会在美人的额上刻画花纹,会磨灭英雄的胆魄,会折断梦想者的翅膀,会嘲笑幼时的天真,可我却在一个女人的身上看不到时间所带来的多疑、世故与不屑。她是勇于尝试的,很难想象仅凭着互联网上的一个小小页面,她就坚定不移地选择了砺智文化。坚持每日诵读砺智良言,坚持每月15篇的"学习+写感悟",坚持每周3次的砺智文化网上沙龙,还不断地给家长开展现场的砺智文化家庭教育沙龙,让更多的家长因接受先进的家庭教育理念而受益……她会兴高采烈地向我分享她的成果,她就是我的妈妈王英霞。

中国的家长一直都是含蓄委婉的,"爱"这个字从不曾说出口,更没有加油鼓励的语言、动作,也不会时常把表扬挂在嘴上。她却是善于表达的,她颠覆了传统家长严肃古板的形象,每天毫不吝啬地对我说:"妈妈爱你。"当我在做好一件事情时,她就会说"有个女儿真好",并给予我一个爱的拥抱。她极力带动我的爸爸将自己的爱向我表达出来,爸爸从最初的含蓄委婉到如今每日必说的"有个女儿真好",这是一个多么大的跨越啊!我曾问妈妈是什么改变了她,她骄傲地说:"砺智文化!"

她是有毅力的,自从她加入砺智文化后,每日背熟一句从未间断过,每

天清晨我起床洗刷时,她已经熟练诵读100遍砺智良言,并做好了营养十足的早餐。她喜欢学习,并深深地影响了我,她总是阅读最新的育儿知识,并写出感悟,她总说没有感悟的阅读不如不读。

她就是我最亲爱的妈妈——王英霞。

妈妈说,有女儿真好,殊不知有妈妈才是我的幸福,妈妈教给我凡是自己认准的事儿,即使困难再大、再曲折,只要坚持不懈,就一定能够实现自己的理想!

请还在为教育孩子发愁的家长们尽快选择砺智文化,像我的妈妈一样不断学习,成为一个智慧的妈妈。砺智文化不仅改变了妈妈一个人,也影响了爸爸、影响了我,现在我家是温馨和睦的,我们是幸福的一家人。

我想对妈妈说一句从没有说出口的话:“妈妈,我爱你。”

刘菲

2013年7月28日

目 录

心存感恩

人生要做两件事：第一件事是结缘；第二件事则是感恩。

自从2011年7月与砺智文化有幸相识，我从此与砺智文化结缘，从此我的人生发生了质的变化。

河南砺智文化传播有限公司（以下简称砺智文化）是一家从事家庭教育和训练的专业机构，经过五年的探索和实践，砺智文化终于率先找到了适合中国国情的，家长喜欢、孩子开心、学校快乐、社会认可、政府支持的家庭教育新路子——集成创新、融合文化、饺子营销。我因结识砺智文化而幸福！

从2011年10月31日起，砺智文化首席训练导师、国家高级家庭教育指导师、青少年教育专家康健教授倡导了“每日背熟一句”活动，正是因为有这样好的专业的学习方式，每天我的心中都有了一种期盼：今天的砺智良言是什么呢？学习砺智良言成了一天中必不可少的工作，走路背、做家务背、和

孩子们一起背，一步一个脚印踏踏实实地学习，将浮躁的心沉淀下来，将不可能变成可能。康老师说这种“零存整取”式的学习让我们在不知不觉中成为了砺智文化优秀的讲师，用学到的理念去帮助更多需要帮助的人。

每周三次的沙龙学习提升了自己，正是有了不断学习的原动力，在不断的学习与感悟中收获的是一种幸福、一种满足，学习后与人分享，自己也会发生质的变化。改变自己、影响别人，点燃自己、感染别人，砺砥自己、感召别人，这就是砺智文化学习的魅力、改变的魅力！

学习提升的日子里需要用感恩的心去回报，因为结缘、因为与幸福的人相处、因为学习让我们平凡的日子不再平凡。

砺智文化的大爱无私影响着我们每一个人，最让我感动的是昨晚的群沙龙，前天晚上康老师告知要到我们淄博群进行讲课，我知道康老师头天晚上要坐火车去北京，但是就是在这样短的时间内还惦记着我们群的活动，还要坚持给我们讲完课后再出发。我的心里特别感动，我的眼睛充满了泪水，那是感激的心，那是感动的泪水。无以回报，唯有努力学习、努力工作，不断充实自己、壮大自己，才能更好地做好砺智文化家庭教育，才能更好地服务于家长。

还在为教育孩子而纠结，还处在迷茫中的人们，请走进砺智文化。为了教育好自己的孩子，为了经营好自己的家庭，为了帮助更多需要帮助的人，那就请从参加我们的现场沙龙开始吧，从参加我们的群沙龙开始吧，从参加“每天背熟一句”活动开始吧。

我的感悟 ....

....

....

....

让孩子在犯错中不断成长

孩子来到这个世界，对周围的一切都充满了好奇。砺智文化说："对孩子来说，生活就是一所学校，一草一木都可以成为研究探索的对象。"面对陌生、五彩缤纷的环境，孩子会一刻不停地去探索：摸一摸、看一看、闻一闻、尝一尝……在各种探索活动中增长见识、积累着自己的经验。

孩子在探索的过程中难免会闯祸，很多家长常常抱怨说："现在的孩子太难管了，越来越不听话了，天天闯祸，哪一天能让我省心呢？"砺智文化说："孩子是必须要犯错误的，每个年龄段都要允许他犯那个年龄段的错误；如果不犯错误，就失去了通过犯错去学习、应对和成长的机会。"当孩子犯错的时候，通常我们的做法是进行训斥、指责、纠正。常用的话是：你怎么这么调皮……你看看弄得乱七八糟的……跟你说多少遍了，怎么就是不听，等等。面对家长的训斥，孩子茫然不知所措，因为孩子不知道错在哪里、应该怎么做。面对孩子所犯的错误，家长大可不必着急，不要指责、不要训斥，对孩子的错误不必斤斤计较，因为孩子的经验较少，对人、对事的看法有其片面性，做起事来不会考虑得那么周全。金无足赤，人无完人，成人都有犯错误的时候，何况成长中的孩子？孩子是在犯错误中不断成长的，在成长中所犯的错误对孩子来说是一笔宝贵的财富，关键是家长怎样看待孩子犯错的问题。砺智文化说："家长的贫富和学历、职业和地位都不重要，重要的是家长对孩子秉持的态度和眼光。"孩子犯了错误要询问行为背后的原因，倾听孩子的想法，说不定孩子的动机是好的呢。家长要接纳孩子的不良表现，然后建议孩子如果用另一种方法来做，看看效果怎样。

但是在现实生活中，很多父母在教育孩子时往往正话反说，对孩子的行为进行讽刺、打击、挖苦。比如想让孩子将凌乱的书整理整齐，我们通常会说："你看看你的书，乱成什么样了，你就不知道整理整理?!"我们的本意是想让孩子将书整理整齐，但是一看到凌乱的场面不免会生气，于是各种责备的话脱口而出。而孩子呢？听了心里非常不舒服，想整理但是听到父母的责备有了抵触情绪反而不愿意整理了。所以想达到教育的效果，我们要"免

去责备,直接描述你所看见的现状”,用正面的语言与孩子沟通:“书找不到,妈妈肯定会着急的,我们一起把书送回家吧?”这样,效果就会好很多。

有的家长常常将孩子的缺点挂在口头上,天天说、日日提,以为这样就能改掉孩子的缺点,还振振有词地说:“优点不提跑不了,缺点不提不得了。”如果将眼光紧紧盯在孩子的缺点上只会起到负强化的作用。我们要有一双发现美的眼睛,多寻找孩子的优点,多赞美和欣赏孩子的优点,孩子自然就会有越来越多的优点,越来越自信。用一个优点代替孩子的一个缺点,孩子会越来越好。砺智文化说:“优点不说不得了,缺点少说慢慢少!”——这才是真正的家庭教育。

当孩子做一件事情时,家长要注重孩子做事的过程,让孩子体验过程、享受过程,不管结果如何,是否正确,错误对孩子来说是必须经历的过程,对于丰富孩子的人生经验非常有益。因为孩子总是在不断总结经验教训中成长的,即使孩子做得不够好,我们要以包容的心态正确看待孩子的错误,站在孩子的角度看问题,因为欣赏使孩子成功,抱怨使孩子失败!

我的感悟

孩子喜欢打人怎么办

五岁的泽泽是他们小区的“名人”，因为和小朋友玩耍时经常打人而出名。很多的家长带孩子外出活动时就会建议不要和泽泽玩，并吓唬孩子说：“泽泽会打人。”

学龄前幼儿打人是经常见到的事情，孩子为什么会打人呢？

1. 需求没有得到满足

学龄前的幼儿是以自我为中心的，在他们的意识中没有“我的、你的、他的”之分。别人手里正玩的玩具，看到了会抢过来自己玩；别人嘴里吃的食物会抢过来吃，只要是孩子看到的、想要的就想马上得到，如果不遂自己的心愿，就会以抢、打人、哭闹、打滚等方式来发泄自己的不满。

家长如果只是简单告诉孩子不能打人，这不能解决问题，因为孩子的情绪正处于激动中，语言很难让孩子安静下来。要是遇到这种情况，家长需要用正确的方式引导孩子表达自己的情绪。

(1)将孩子抱离现场，用其他的东西吸引孩子，转移孩子的注意力，因为孩子的注意力非常短暂，离开现场后，孩子会很快忘掉刚才的事情。

(2)让孩子亲身体验被打的滋味，引导孩子想一想他人的感受。你打别人，别人会不会疼啊？会不会伤心啊？

(3)采用冷处理的方法，当孩子打人时家长将孩子抱到一边，不要理他，等他情绪平静下来时告诉孩子妈妈还像原来一样很喜欢他，但是不喜欢他刚才打人的行为。

2. 语言表达能力较差

由于幼儿的语言表达能力差，当遇到事情用语言表达不清楚时，孩子会抬手打人、咬人、推人、踢人等，想以肢体语言去引起他人的关注，而其他的孩子会误以为这个小朋友打人了。

3. 幼儿不会与他人交往

幼儿想与人交往时，会用手拉人、搂人的脖子等，他人误认为是打人。

家长或老师要因势利导教给孩子交往的技巧。比如:“我可以和你玩吗?我能玩玩你的玩具吗?”……

4. 模仿

砺智文化说:“家庭是习惯的学校,家长是习惯的老师!”孩子有打人的行为,很多是模仿来的。有的家长遇到孩子调皮时就会动用武力,将孩子打一顿。孩子遇到问题时会模仿家长解决问题的方式,将对方打一顿,将自己受的委屈发泄到他人的身上。孩子的模仿能力很强,做家长的身教重于言教,要做好表率,规范自己的行为来影响孩子。

教育孩子不是一件容易的事情,就像曾仕强教授说的,“如果教育孩子容易,家长也就很容易当了,所以为了当好家长,做一个合格的家长,希望每一个父母努力学习”。砺智文化说:“家长合格,孩子优秀;家长优秀,孩子卓越!”优秀的家长需要持续不断地学习,与孩子一起学习、一起成长、共同进步。

我的感悟

何为幼儿的学习

随着秋季的到来，天气有点转凉，路边的树叶也纷纷落下。晚饭后出去散步，有很多人在健身，路上的行人不断，这时过来一对父子，孩子年龄大约4岁的样子。

儿子：爸爸，怎么这么多树叶啊？

爸爸：……

儿子：爸爸，怎么这么多树叶啊？

爸爸：……

孩子一连串的发问，这位爸爸始终没有答复孩子，是爸爸没有听见，还是认为孩子的问题幼稚不值得回答？不得而知。为孩子惋惜的同时也为这位爸爸惋惜。孩子提出了问题是孩子学习的大好时机，可惜这位爸爸没有抓住这样绝好的机会。为什么说此时是孩子学习的大好机会呢？

首先，从孩子提问的角度来说，孩子这种好问的精神可嘉，值得家长肯定鼓励，通过家长的表扬鼓励，孩子的学习劲头就更足了。

其次，此时是培养孩子学习的绝好机会。很多家长失望地说："我的孩子不好好学习，不爱学习……"怎么样才是学习呢？孩子规规矩矩地打开书本读、写、背才是学习吗？其实孩子的学习无处不在，就像前面提到的那个善问的孩子，他就是在学习。如果我们家长有意识地抓住这个好机会，反问孩子："为什么路上会有树叶呢？"让孩子动脑筋想一想，然后捡起地上的树叶让孩子观察树叶的大小、形状、颜色等；还可以根据不同的树叶进行分类、按大小排序、归纳；或者用树叶玩游戏……这样既锻炼了孩子的观察能力，又能提高孩子的语言表达能力、动手能力，玩的过程就是孩子积累知识的过程。好处多多，何乐而不为呢？

学龄前的孩子如果灌输的书本知识太多对于孩子来说也是一种伤害。砺智文化说："对孩子来说，生活就是一所学校，一草一木都可以成为探索研究的对象。"幼儿的学习可以说无处不在，大自然就是孩子的课堂。如果将孩子的学习仅仅局限在书本上，也未免太狭隘了。孩子是通过感知来学习

的，通过对周围环境的不断探索、发现问题、寻找答案的过程，就是学习的过程。探索、发现是孩子乐于做的事情，并且积极性特别的高，只有自己亲身经历了知识才掌握得扎实、有效。这就是孩子的学习。

抛开急功近利的思想，相信孩子一定学得更好、做得更好。

我的感悟

小心呵护善问的孩子

幼儿由于受生活经验的限制，在他们成长的过程中，他们的小脑瓜里会有许许多多奇奇怪怪的想法，会有许许多多稀奇古怪的问题问我们。善于问问题，说明孩子善于观察、善于思考，这样的孩子一般是比较聪明的。面对一个问题多多的孩子，家长需要小心谨慎地对待。文文就是一个喜欢事事打破砂锅问到底的孩子。有一天妈妈给他网购了一本书。儿子问："妈妈，从哪里买的书？""你是怎么买的？""多少钱一本？"

如果你是文文的妈妈，你该如何回答文文的问题呢？下面有两种做法，你选择哪一种呢？

第一种做法：

妈妈对儿子的一连串发问不耐烦了，说："你管那么多干什么？给你买了好好看就行了。"

第二种做法：

妈妈高兴地说："文文真是个爱动脑筋的好孩子，告诉你吧，妈妈是从卓越网上直接订购的，专门有人送货上门，货到付款，非常方便，省时省力。"

想必大家都会选择第二种做法，为什么呢？

第二种做法，妈妈对儿子的追问表示了赞赏，肯定了儿子善于提问的好习惯。孩子善问，说明孩子是聪明的、爱动脑筋的，家长要重视孩子的问题，并认真回答。孩子从中学会思考。很多家长批评孩子不爱动脑筋，其实是家长不当的教育方式所致。像第一种简单粗暴地拒绝孩子，等于阻碍、抹杀了孩子善问的好习惯，孩子以后还会问问题吗？孩子还善于观察，善于动脑筋思考问题吗？

第二种做法不但保护了孩子的好奇心，而且抓住了孩子提问的好机会，满足了孩子的好奇心。但人不是全能的，即使知识面很宽，对于有些孩子的问题，我们也没有必要马上告诉他们答案，让孩子通过不同的渠道寻找答案，让孩子学会发现问题、解决问题，孩子学习的积极性就会越来越高。

幼儿年龄小，他们对问题的看法难免比较片面，对问题的理解未必全面，他们提出的问题有时让人啼笑皆非、感觉荒诞，但是作为孩子的引领人，我们都应该正确对待，不因问题荒谬就取笑孩子，给孩子一份理解、一个空间、一个引导，说不定你的孩子就是下一个爱因斯坦。

砺智文化说：“培养不出优秀的人才，是因为采用了不优秀的教育理念和教育方法；培养出了平庸的人，是因为被平庸的人培养的必然结果！”为培养出卓越的孩子，我们要做一个卓越的家长，那就是优秀的家长。跟随砺智文化一起学习，就能实现我们的夙愿。

我的感悟

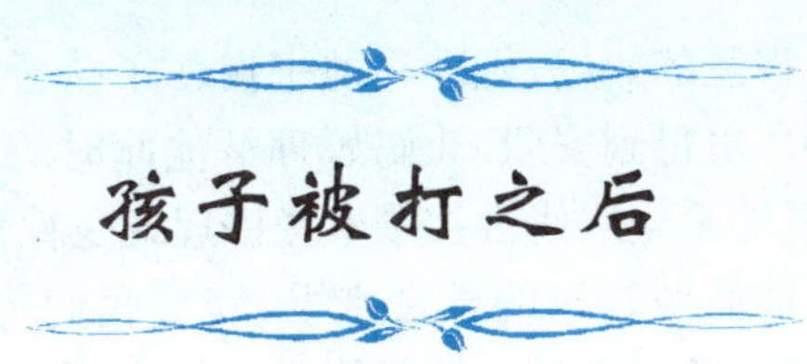

孩子被打之后

五岁的宝宝是幼儿园大班的孩子,开朗活泼,直言快语,非常讨人喜欢。

下午妈妈接宝宝回家,宝宝对妈妈说:“妈妈,我有点不高兴。”妈妈问:“为什么不高兴?”“贝贝又打我了。”朋友们,如果换作是您,您该怎样处理孩子的问题呢?下面有三种类型的妈妈,您属于哪一种呢?

甲妈妈:“你是不是先招惹的贝贝,贝贝才打你?要不贝贝不会打人的。”

乙妈妈:“你真笨,贝贝打你,你怎么办?”看到儿子一直低着头,妈妈越说越来气,“你不会打他呀,记住,以后再有人打你,你就打他,我怎么生了个你这么笨的儿子。”听到妈妈的训斥,儿子木然地看着妈妈,不知是否听懂了妈妈的意思。

丙妈妈:“贝贝打你,妈妈知道宝宝心里一定很难受,打得很痛,是吧?明天告诉贝贝,好朋友是不能打人的,如果再打人就不和他交朋友了,宝宝也可以找老师帮助你呀。”

当你的孩子被打了之后,你会采取什么方法呢?

相信很多的家长不愿意自己的孩子被打,被打之后,常用“以其人之道还治其人之身”的方法。孩子被打,放在任何一个家长的身上都会心疼,为什么要采用以牙还牙的方法?答曰:“我的孩子不能被人欺负,被人打了我会心疼,别人打你,你要还回去。”这种方法能解决问题吗?虽然当时同样打了他人,好像是占了便宜,但是孩子将来一定会受到伤害。

以上三种类型的妈妈,表现出不同的处理方式,你赞同哪一种呢?相信大家的选择会各不相同。

甲妈妈在接收到孩子的信息后没有站在孩子的角度理解孩子,只是凭主观臆断,妄下结论,此时孩子的心里一定非常委屈。被打后,妈妈都不理解我也不安慰我。

乙妈妈的现象在现实生活中也存在,孩子被打,哪个妈妈不心疼?看到自己的孩子吃亏,会教给孩子打架的方法,甚至还有个别的家长会找到“肇

事者”进行理论，为此双方家长争吵甚至大打出手者不在少数。但往往是这边家长之间的战争还没有结束，另一边两个孩子已经成了好朋友，又玩在一起了。

丙妈妈是一个智慧的妈妈，她准确地把握住了孩子向她传递的信息，孩子无非是想从妈妈那里得到安慰，让妈妈理解他此时的心情，并获得妈妈的帮助，孩子并不是真的希望妈妈去找肇事者评理或是替自己讨个公道。

想要达到第三种类型妈妈的教育水平，需要我们每一位家长好好地下一番功夫了，因为教育孩子不是一件轻而易举的事情，需要父母终身学习才能跟上孩子成长的步伐。

苏霍姆林斯基说过：“孩子的首席教育者，第一任教师，是母亲和父亲！”父母的身上肩负着将孩子培养成人的重大责任。

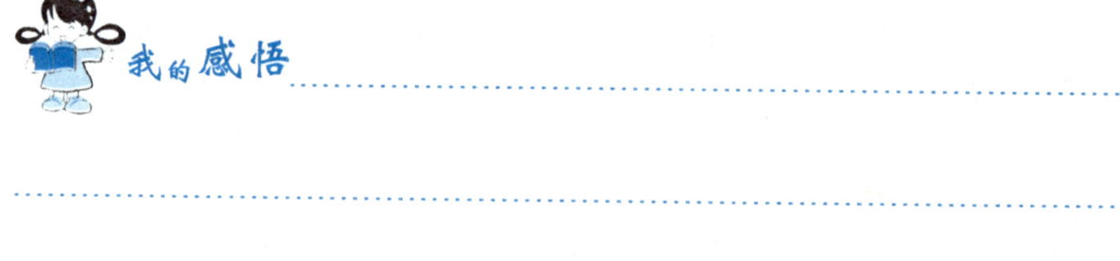

指责孩子不如教给孩子怎样做

妈妈走进琳琳的房间，差一点被扔得满地的积木绊倒，不禁大怒："琳琳，告诉你多少遍了，玩完了积木要收起来，你怎么就是做不到呢？"妈妈的高声指责，吓坏了正在玩耍的琳琳，听到妈妈的怒吼，琳琳乖乖地去收拾扔得满地都是的积木。但是，下次玩的时候，琳琳照旧不愿意收拾自己用过的东西。妈妈不得不一次次生气，一次次警告、训斥、威胁，琳琳的坏毛病还是一次次的改不掉。

这样的场景在你家上演过吗？许多家长就像一个战斗指挥员一样，一天到晚不停地为孩子操心，孩子的事情样样都要管，都要插手，吩咐孩子做这做那，天天围着孩子转。这样的教育既累身又累心，效果并不好，最后家长和孩子双方闹得很不愉快，孩子甚至对家长充满怨恨。家长一天到晚紧跟在孩子的身后忙个不停，有没有好的方法让孩子改掉乱扔乱放的不良习惯呢？只要家长用心，方法还是有的。

1. 给书籍买漂亮的书夹

给孩子买漂亮的书夹，和孩子一起将书分门别类地进行整理，将不同的书分类放置于书夹中。孩子的积极性很高并且会很乐意去做，更重要的是家长不必为零乱的房间而烦恼了。

2. 给积木准备整理盒

每个孩子都有很多的积木，可以说种类很多，给孩子准备几个整理盒，当孩子玩积木结束后，和孩子一起将不同的积木放在不同的整理盒中，并在盒子上贴上标签，便于孩子整理、分类。在整理的过程中，既让孩子学会了分类，又让孩子在玩的过程中认识了汉字，还能体验到劳动的乐趣，这是一件一举多得的事情。

3. 当孩子做错事情时予以指导

孩子是不断成长的。孩子在认识世界、发现世界、感知世界的过程中犯错是不可避免的，并且是在不断矫正错误的过程中成长起来的。站在孩子

的角度设身处地想一想，我们成人也有犯错的时候，何况是成长中的孩子呢？当孩子犯错时首先是接纳孩子，给孩子指出错在哪里，并加以改正。如果对孩子进行严厉的指责，发号施令让孩子改错，如果孩子并不清楚错在哪里，只会让孩子对家长产生敌意。解决问题的关键是家长参与进来指导孩子应该怎么做，而不是对孩子进行惩罚。

4. 让孩子二选一

面对孩子凌乱不堪的房间，大多数父母的做法是：快整理整理你的房间，再这么乱你就别再住了。这种虚张声势的威胁，孩子并不害怕，相反孩子会想："你越让我整理我就越不整理。"孩子会和家长对着干。家长就要正确地引导孩子，调动孩子的积极性和主动性，避免给孩子下最后的通牒。家长可以说："你是现在整理房间还是过五分钟整理呢？"将选择权交给孩子，让孩子做出选择，孩子就会积极主动地去做，并且做得非常认真。

培养一个有责任心、有合作意识、积极进取的可爱的孩子需要家长的正确引导，需要家长付出百倍的努力。我们与其不停地指责孩子，不如做给孩子看，教给孩子正确的做法。通过家长的指导，孩子就会明白自己应该怎么做了，孩子归位的良好习惯就会慢慢培养起来。

砺智文化说："好习惯成就一生，坏习惯毁人前程！"砺智文化又说："孩子需要的是榜样，而不是批评。"在成长的道路上，孩子是否顺利、健康、快乐，取决于家长的学习力。

给孩子提供的是机会还是财富

人们每天忙忙碌碌,有的是为了生计,有的是图自己省心,有的是忙于事业。因为忙没有时间照看孩子,将孩子甩给老人照看的家长比比皆是。

有的家长说:“没有钱拿什么养孩子?”是呀,谁都想让孩子以后的生活比我们好,但如果仅仅留下的是物质财富让孩子来享受,孩子反而是无所事事、坐享其成。砺智文化告诉我们:给孩子留下巨额财富,等于扼杀孩子的天赋和活力,使他(她)失去本可更有意义、更有用的人生。如果为了创造丰富的物质财富而忽略了亲子关系,孩子是不幸福的,亲子关系也是不和谐的,家庭也是不和睦的。

有的家长说:“我没有时间陪伴孩子,没有时间和孩子在一起玩耍。”砺智文化说:“家庭教育生活化,生活家庭教育化!”养育孩子就在我们平时的日常生活中,就在平时的点点滴滴中,就看你是否是个有心人。每天拿出不多的时间陪伴孩子,和孩子做做游戏、给孩子讲讲故事、陪他们做做运动、听听孩子的心里话。就连接孩子回家路上的时间充分利用起来也很不简单。和孩子聊聊自己工作上的事情,聊聊自己一天的所见所闻,聊聊孩子在幼儿园遇到的有趣的事情。通过简短的沟通,孩子了解了父母的工作,父母也能从孩子的只言片语中了解到孩子在幼儿园一天过得是否快乐。其乐融融的亲子关系怎么不让人羡慕呢!从每次的交谈中了解孩子的想法和兴趣、特长,做个耐心的倾听者,同时在恰当的时机给孩子好的建议,并鼓励孩子,让孩子意识到自己的观点是有价值的,从而孩子的自信心就会在父母的赞美声中逐渐培养起来。在和孩子玩游戏的过程中,让孩子体验到玩游戏的乐趣,最重要的是浓浓的亲情在游戏中得到尽情地绽放。

教育是以分离为最终目的的。总有一天孩子要离开父母营造的巢穴自由飞翔,开始自己的人生,所以父母应有意识地给孩子创造锻炼的机会,从小让孩子做能够做的事情,并教会孩子怎样去做,孩子遇事不依赖父母独立承担。

威廉·M.亨得思说过:“如果你希望自己的孩子长大以后,能够成为一

个富于进取、乐于助人、勤奋节俭、有益社会的人，那么现在就是播下能把你的希望变为现实的种子的最佳时机。”处在幼儿阶段的孩子可塑性极强，需要父母有较高的家庭教育素养，需要不断学习的信心和能力，需要家长的耐心和恒心正确地引领孩子健康成长。给孩子提供成功的是机会而不是财富，你选择好了吗？

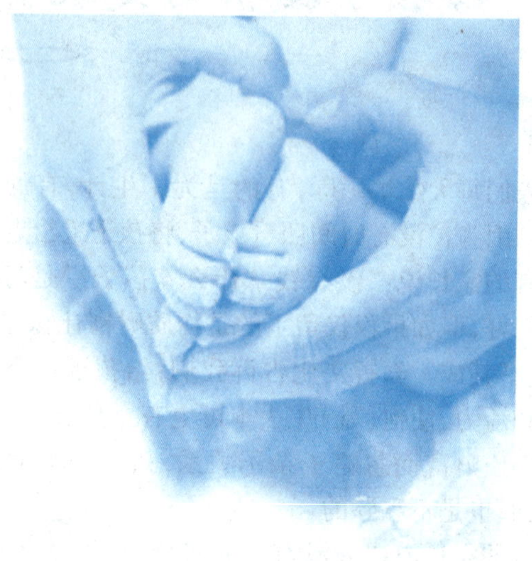

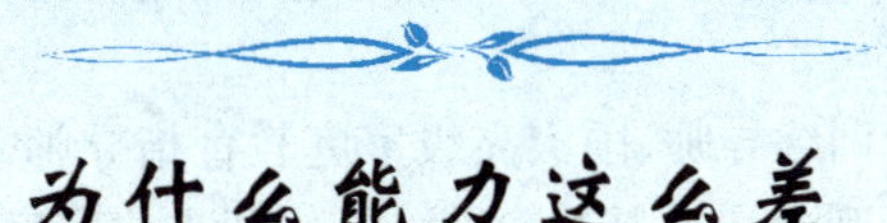

为什么能力这么差

四岁的君君在没有父母的陪伴下进入集体环境——幼儿园。经过近一个月的适应，君君还是不能融入小朋友中间。没有好朋友的日子，君君感觉孤独无助，每天就像一个局外人一样在自己的世界里独自穿行。老师担心君君不适应幼儿园的集体生活，暂时陪伴他多一点，让他在离开妈妈的怀抱时能感受到来自老师的关爱。

教师通过观察发现君君吃饭磨磨蹭蹭，做事从不积极主动，不会与小朋友交流、玩耍，没有是非观念。孩子为什么表现出与年龄不相符的状态？老师经过与妈妈交谈得知，君君是在蜜罐中长大的。君君除了张嘴吃饭外什么也没有做过。为什么不让孩子做力所能及的事情呢？妈妈只是笑笑说："我没有让他做。"这就应验了砺智文化"家长无知的爱是对孩子最大的伤害"这句箴言。

由于家长落后的教育观念，造成了君君没有主动做事的能力。由于没有体验自己吃饭的经历，孩子至今不知道吃饭需要自己动手；由于父母的不放手、不放心，孩了天天表现得懒懒散散，不会玩；孩子失去了这个年龄段的孩子本该有的活泼、调皮、可爱；父母没有给孩子建立规则意识，孩子不知道哪儿是对的，哪儿是错的，不知道什么是应该做的，什么是不应该做的，目光呆滞，茫然不知所措。

砺智文化说："不要代替孩子体验，要让孩子学会品尝。"幼儿知识的积累是通过对周围的环境不断探索得来的，是在与小伙伴交往时得来的，是在游戏中得来的……体验的过程就是一个学习过程、一个积累经验的过程、一个积累孩子所需要知识的过程。由于家长的包办、溺爱，君君失去了这个年龄段本该有的活动机会。

砺智文化说："把孩子教育成人才是家长最伟大的事业。"将孩子教育成功，不仅仅是教育方法的问题，更重要的是家长观念的问题。家长观念的正确与否决定了孩子未来的发展。父母应该与孩子一起学习、一起成长、共同进步。随着孩子年龄的增长，要不断改变自己固有的观念，跟上孩子成长的步伐。如果父母还是抱着陈旧的观念死死不放，就像君君的父母一样，只重视孩子知识的灌输，忽视对孩子能力的培养，将孩子教育成只会读书其他什么都不会的孩子，以为是爱孩子、疼孩子，岂不知错误的教育观念会抹杀了孩子的未来和前途。

砺智文化首席训练导师、国家高级家庭教育指导师、青少年教育专家康健老师说过："改变观念还得靠教育——靠砺智文化家庭教育！"为了孩子健康快乐成长，做父母的首先要改变观念，孩子能做的就要放手让孩子去做、去体验、去尝试。在体验的过程中，孩子不断增长知识，增长阅历，进而丰富自己的经验，满足自己的成长需求。孩子就是父母手中的风筝，风筝有能力飞得高了，做父母的要根据孩子的能力适当调整手中的线，让孩子尽情翱翔于蓝天。

我的感悟

怎样对待调皮的孩子

每年每个班都会遇到几个非常调皮的孩子，这类孩子聪明、活泼，接受能力很强，是班上的领头羊。不过这样的孩子也让每个老师都很头疼：上课不遵守纪律，自由散漫，随意招惹他人，而且还是小朋友经常告状的对象。

孩子没有规则究其原因就在家长身上，由于家长忙碌疏于对孩子的管理，或是只看到了孩子聪明的一面，任其自由发展，在这类孩子身上很少看到有什么规矩。

皓皓小朋友就是这种类型的孩子，老师对他是既喜欢又发怵。喜欢的是他的聪明伶俐，发怵的是他一刻也停不下来。

对此，首先我和皓皓的妈妈进行了多次的交流，了解到孩子在家的基本情况，并给浩浩妈妈提出了一些建议，好在皓皓妈妈能积极配合，认识到自己在教育孩子方面的不足，逐渐改变了原来的教育方式。

另外在教学工作中，我也采取了一系列的措施。

第一，如果上课时皓皓出现扰乱课堂秩序的情况，就对他进行暂时的隔离，根据情节的严重程度决定隔离的时间，以示对他行为后果的惩罚。

第二，放大优点。皓皓的节奏感很强，每次音乐课上由他带领小朋友领唱、打节奏等，在小朋友面前树立威信，皓皓很有自豪感。

第三，戴高帽。不管皓皓是在捣乱还是认真做事，我都会大声表扬他，其他孩子齐刷刷的目光转向了他，让他成为小朋友的焦点、成为小朋友学习的榜样，此时如果皓皓正在捣乱，听到我的表扬后他就会不得不停下张牙舞爪的动作，安安静静地听课。

第四，和孩子交朋友。通过和皓皓妈妈交谈，我了解到了皓皓的兴趣爱好，以便我们在对皓皓进行教育时可以有的放矢。凡事都站在他的角度理解他、信任他，孩子的心慢慢地就和你靠近了。我们每周吃一次西红柿鸡蛋面，这是皓皓最讨厌的，每次皓皓拿着小勺翻来翻去不想吃，原来不了解情况时就强迫他吃下去。后来，我对他说："皓皓，实在不愿意吃，就吃一点吧，少吃一点也可以。"当时孩子听到我的话有点吃惊，随即迅速开始吃饭，并且

一点儿也没有剩下。

活泼好动是孩子的天性，如果教育者一味压制、否定、批评孩子，就不利于孩子的成长，在这样的环境中孩子也不快乐。砺智文化说：“要教育不要教训，要引导不要教导；要关注不要关住，要抱抱不要抱怨！”从孩子的角度来说，他们的年龄较小，注意力集中时间较短，做事不考虑后果，不会认为自己的行为会扰乱他人，只是想通过自己的行为引起老师的注意。如果我们采取批评、制止的方式，孩子会变本加厉，老师也无法掌控。只要多一点理解、多一点宽容、多一点关注、多一点表扬，很多问题就会迎刃而解了。

孩子是真的不愿意学习吗

下班回家的路上，穿梭于人群中，有一个很刺耳的声音传来："你要好好学习，你比人家差远了。"出于职业的敏感，我忙去追寻声音的来源：一位年轻的妈妈正在教训她的儿子，声音中带着不满、带着愤怒、带着责备，再看看孩子，竟然是个大约三四岁的幼儿，妈妈的训斥声还不断地传过来，可怜的孩子坐在自行车的后座上默不作声。

"你要好好学习，你比人家差远了。"很多的家长让孩子学习，学习什么？学习认字，学习英语，学习加减法。只有看书才是学习，只有做作业才是学习，"玩"就是浪费时间、不做正事。砺智文化说："让孩子出类拔萃的不是过早地识字，而是游戏，游戏，再游戏。"

在砺智文化家庭教育沙龙上，有一个妈妈向我咨询："四岁的女儿不爱学习，让她做作业她十分不情愿。如果玩起娃娃来兴趣可高了，能玩两个多小时，孩子为什么不愿意学习？"听了这位妈妈的话，我将声音提高八度对她说："您的女儿非常好，非常爱学习，在给娃娃穿衣服、梳小辫的过程中，不仅锻炼了孩子的观察力、动手能力、审美能力，而且培养了孩子的注意力和兴趣，这就是孩子的学习。多好的孩子啊！"这位妈妈听了我的话顿时脸红红的。

蒙台梭利说过："儿童是一个积极的观察者，他能通过感官努力感知外部世界。"在儿童一岁多的时候，大自然会引导儿童的智力，使他们获得更多的知识。大自然对幼儿来说具有很大的吸引力，通过不断探索，幼儿的各种能力得到迅速发展，这就是儿童的学习。可是现在很多的父母功利心很强，担心孩子将来上学跟不上，担心孩子学得少，不顾孩子的实际情况，不管孩子是否接受，让孩子学这学那，牺牲了孩子游戏的时间、玩耍的时间，不但孩子反感，家长也累。很多幼儿园为迎合家长，开设了很多的课程和特长班，大量的超前教育和知识的灌输，不仅没让孩子体验到学习的乐趣，反而认为学习是一件痛苦的事情，孩子还没有上学就出现了厌学的倾向，灌输得越多伤害就越大。砺智文化说："学习是孩子的本能，当快乐学习变成了机械教育，孩子也就开始厌学了。”

我们的孩子不是不爱学习，孩子的学习无处不在，孩子的学习每天都在进行，只是我们没有觉察而已，我们不懂而已。与其说孩子不知道学习、不会学习，倒不如说是父母们不了解孩子，总想按照自己的意愿，总想将自己的想法强加给孩子，让孩子按照自己的要求学习书本知识。砺智文化说：“孩子的大脑不是一部等待填充的容器，而是一支期待点燃的火把！”砺智文化又说：“激发孩子的学习欲望，远比教会有限的知识更有意义！”激发孩子的学习欲望、激发孩子的学习热情、激发孩子的学习兴趣，我们都忽视了，我们的眼光紧紧局限在孩子已经认识了多少字、会说多少英语单词、会做多少数学题上。如果我们认为孩子的学习只有这么多，孩子也够可怜的了，作为父母，眼光也未免太短浅了。怎样激发是需要智慧的，关键看父母是否是一个有心人，是否是一个站得足够高的人。有“心”人和站得足够“高”的人的前提是了解孩子、懂得孩子，只有懂孩子才会用科学的家庭教育理念引导孩子，才能跟上孩子不断成长的步伐。

你是那个有心人和站得足够高的父母吗？

我们是孩子的掌舵人

在教育孩子的过程中，你感受到的是快乐还是痛苦？当孩子某一行为不符合你的要求时，你是如何表现的？对孩子进行训斥、阻止还是听之任之？我想以上表现大多数家长至少会占到其中的一条吧。训斥、阻止、听之任之后，孩子的不良表现改掉了吗？然后你的心态是愉快了还是向更糟的方向升级？砺智文化说："对孩子的愤怒是家长的无知。"砺智文化还说："打骂不能解决孩子的教育问题，只能宣泄父母的急躁情绪。"

当孩子的某一表现引起我们的不满时，我们的做法往往是立即阻止孩子正在进行的活动，而正在兴头上玩耍的孩子不知道父母为什么要阻止，于是用哭闹、打滚儿、摔东西等方式反抗父母。面对孩子的激烈行为，有的父母因"心疼"孩子会放弃自己的原则，乖乖就范；有的采取极端的方式结束孩子的表现。不管是哪种方式，最终的结果只能是失败，因为这并不会达到父母所期望的效果。以后孩子遇到来自父母的阻止时，就学会了用一哭、二闹、三打滚的方式来要挟父母。久而久之，孩子就会不听话、逆反、叛逆、对抗父母。

教育孩子是需要方法的，不管孩子发展到哪一个阶段，都有其心理需求和表达方式，如果想让孩子顺利度过每一个发展阶段，首要的是家长要改变自己。砺智文化说："家庭教育的任务，首先是父母教育、父母学习。"通过学习和改变，才能给孩子创造出有利于其成长的健康环境。因为将孩子教育成人是父母的神圣职责，想教育好自己的孩子就要了解孩子。砺智文化还告诉我们：一切教育都是从对儿童天性的理解开始的。孩子身上的问题，是我们教育问题的投射，孩子每一个行为背后都有其原因，这原因是什么？需要父母观察、了解，然后用科学的家庭教育观念引领孩子，因为家长的教育素质包括教育观念、教育方式和教育能力。如果你的观念是错误的，教育方式和能力就无从谈起，只有不断学习才能与过去陈旧的观念思想碰撞，才能在实践中不断反思自己、改变自己。

砺智良言说得好：想要事情改变，自己首先改变；想要事情变得更好，自

己首先变得更好。想让孩子朝着我们期望的方向发展，作为引领孩子的掌舵人就一定要把握好方向，不断修正自己、提升自己，将孩子引领到正确的轨道上来。

我的感悟

延迟满足孩子的要求

下午离园的时间到了，孩子们在家长的陪同下陆陆续续离开了幼儿园，不一会儿就听到园门口传来了孩子的哭声。过去一看，原来是奇奇在哭，理由是必须吃摆在门口卖的小零食，妈妈担心不卫生没有给买，奇奇不肯罢休，死活要买，不买不回家。妈妈无奈给奇奇买了一份，奇奇这才停止了哭闹。

随着生活水平的不断提高，又加上大多是独生子女，现在的孩子可以说是家里的小皇帝、小霸王，家长担心孩子受委屈，可以说有求必应，要什么就给什么，尽自己所能满足孩子的要求。否则，孩子就会大哭大闹，直至达到目的才罢休。

有求必应的结果会是什么呢？

1. 即时满足，孩子不知道珍惜；

2. 不会等待、缺乏耐心；

3. 自控能力较差，比较急躁，稍有不满就会通过打滚、哭闹、摔东西、打人等方式来达到自己的目的。

心理学研究者做过一个有趣的实验：请来一群3~4岁的孩子，分给他们每人一份棉花糖。告诉他们，他可以马上就吃，但如果他愿意等一等，等到研究者出去办完事回来以后再吃，他就可以得到双份的棉花糖。研究者说完后离开了房间。孩子们是如何表现的呢？大体可以分成三类：

A类：急不可耐，立刻把糖拿起来吃掉了。

B类：等了几分钟，但实在忍不住，也把糖吃掉了。

C类：耐心等待，一直等到研究者回来，终于吃到了第二份。

之后，研究者对这些孩子进行了跟踪研究。若干年后，孩子们长大了，三种类型的孩子表现得又如何呢？

◆自我控制能力强的"C类"孩子讨人喜欢，比较敢于冒险，自信、坚强、可靠，自制力较高。他们不仅在学习上表现优秀，社会适应能力也很强，普遍都获得了成功。

◆那些只想满足眼前的欲望，没有办法克制自己的“A类”和“B类”孩子，在各方面的成就就相对比较低。

可见延迟满足孩子的欲望对他以后成长的作用是非常大的。延迟满足孩子的要求，让孩子学会等待，这种能力不是天生的，是需要后天不断培养的。比如孩子想买玩具，可是家里的玩具已经很多，有的玩具只玩了几次就再也没有玩过，当时孩子想要的可能并不是真正需要的，只是想满足自己而已。家长要会拒绝孩子的要求，拒绝时不能一味地训斥、否定，而是要向孩子说明原因，让孩子明白不能满足的理由，孩子会心服口服。

即时满足孩子的要求得来的东西他们不会珍惜，认为这是应该得到的，如果让孩子通过自己的劳动或耐心等待几天得来的物品，孩子会倍加珍惜。

延迟满足让孩子学会了等待、学会了忍耐、学会了控制自己的急躁情绪，自控能力和抗挫折能力得到提升，这些能力对孩子以后的成长非常有利。当孩子步入社会，他们面对诱惑、面对挫折、面对种种问题学会拒绝，学会坦然面对，学会冷静处理，在他们漫长的成长道路上，获得成功的概率会更大。

砺智文化说：“有效的教育是先严后松，无效的教育是先松后严。”作为父母要坦然面对孩子成长道路上遇到的各种问题，科学的教育会给孩子创造有利于健康成长的家庭环境，因为教育子女成人是父母的第一神圣职责！

我的感悟……………………………………………………………

……………………………………………………………………

……………………………………………………………………

……………………………………………………………………

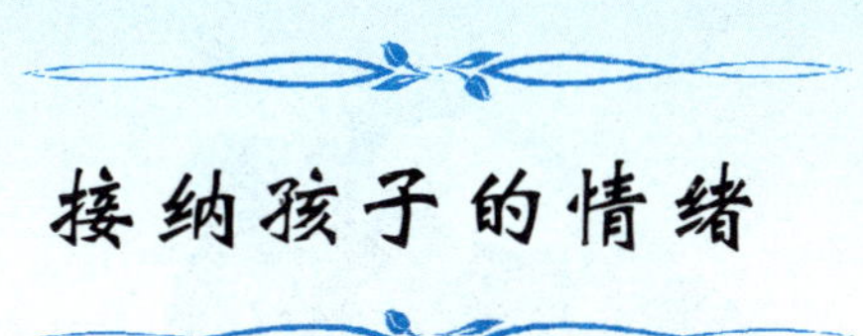

接纳孩子的情绪

明明是个活泼可爱的小姑娘,聪明好学,上小学三年级。昨天下午妈妈下班后刚进家门,看到明明正坐在沙发上哭泣。妈妈不解地问明明怎么了,明明抽抽噎噎地说:“老师布置的作业太多了……”

如果你是明明的妈妈,应该怎样应对明明发出的信号呢?

第一种情况:

妈妈听到明明的话就生气了:“老师布置的作业多又不是只针对你一个人,这么多同学都没有嫌作业多,就你嫌作业多?老师布置作业还不是为你好,不做作业能考出好成绩吗?”明明听了妈妈的话不但没有止住哭声,相反,哭声越来越大。最后妈妈没好气地说:“你瞧你这点出息。”说完转身做饭去了。明明向妈妈发出信号,本想能从妈妈那里得到一点安慰,没想到不但没有得到安慰,还被数落了一顿,被妈妈数落一顿的明明越想越委屈。

第二种情况:

如果妈妈听完明明的话后,对明明说:“妈妈也觉得老师布置的作业有点多,在学校学习一天了,回家还要继续做作业,是不是很辛苦?如果明明累了今天咱们可以不写作业了,让妈妈告诉老师一声。”明明听了妈妈的话第一反应是:妈妈很理解我,是和我站在同一条线上的,妈妈和我有共同的语言,以后有什么事我还要向妈妈说。有了妈妈的安慰,孩子心里舒服多了,愉快地主动做作业去了。

孩子向妈妈发出的信号无非是想发发牢骚,让自己的负面情绪找一个发泄口,让妈妈理解一下。作为家长首先要了解孩子向你发出信号背后的原因,明白孩子的真正意图,孩子不是不想写作业,是感觉学习一天太累了,晚上回家又要做那么多的作业,辛苦是肯定的,跟妈妈发一下牢骚,无非是想得到妈妈的理解、得到妈妈的关心和安慰。所以当孩子向我们发出信号时,我们站在孩子的角度,感同身受,体会孩子的心情,接纳孩子的情绪,让孩子觉得还是妈妈理解自己。

砺智文化说:“孩子就像一本书,一年是一章,一天是一页,我们读懂了吗?”

我的感悟

爱孩子就要给孩子建立规则

晗晗是个三岁半的男孩,每天在教室里"忙忙碌碌":不是摸摸这个小朋友的头,就是拽拽那个小朋友的衣服,一会儿跑到这个区角、一会儿又跑到那个区角去打扰小朋友。由于"忙碌"成了班上的领头羊,他成了小朋友告状的对象。晗晗没有规则的现状让人头疼。

作为父母,我们都是爱孩子的,可以说疼爱有加,但是在怎么爱的问题上,很多人拿捏不准爱的尺度。"度"拿捏不准就容易滑向溺爱的深渊。法国教育家卢梭说过一句话:"你知道运用什么方法,一定可以使你的孩子成为不幸的人吗? 这个方法就是对他百依百顺。"高尔基曾经说过:"爱孩子是连老母鸡都能做到的事。"怎么样才是真正地爱孩子呢? 爱孩子就要给孩子适当的限制,给孩子建立规则,让孩子在规则中进行自由活动、自由探索。

溺爱是家庭教育中最大的杀手,也是亲子双方痛苦的深渊。孩子需要父母的爱,更需要父母正确的爱。孩子来到这个世界没有是非观念,孩子的是非观念需要父母来建立,父母要承担起教育孩子的责任和义务。有人会说:"既要爱孩子,又要建立规则,这不是自相矛盾吗?"爱孩子是教养的基础,爱孩子是在有规则的基础上进行的。给孩子建立规则不是限制孩子的自由,而是让孩子在规则中有序地成长。建立规则是对孩子的一种爱护。

著名儿童教育家孙瑞雪在"爱和自由"中提出了儿童行为的七大规则:

1. 粗野、粗俗的行为不可以。
2. 别人的东西不可以拿,自己的东西归自己所有,并有权利自由支配。
3. 从哪里拿的东西请归位到哪里。
4. 谁先拿到的谁先使用,后来者请等待。
5. 不可以打扰别人。
6. 做错事要道歉,并学会要求他人道歉。
7. 学会拒绝别人,学会说"不"。

每一个家庭的环境是不相同的,因此建立的规则也不相同。要根据自己家庭的实际情况给孩子制定简单易行的规则。通过事先与孩子约法三

章，孩子渐渐明白哪些该做，哪些不该做。即使孩子做错了，父母也要和颜悦色地告诉孩子哪里做错了，应该怎么做，妈妈不喜欢的是他刚才的行为，而不是孩子本人，让他明白妈妈是永远爱他的，让孩子有一定的安全感。给孩子建立规则，让孩子生活在有序的环境里，而不是处在一种杂乱无章的状态里。

教育孩子不是一件轻而易举的事情，需要父母紧跟孩子成长的步伐。砺智文化说："教育孩子的前提是了解孩子，了解孩子的前提是尊重孩子！"砺智文化又说："3 岁前后严格管理，做孩子的家长；13 岁前后逐步放手，做孩子的朋友。"亲爱的家长朋友，你做到了吗？

我的感悟

培养孩子良好的习惯终身受益

美国心理学家詹姆士说过："播下一个行动，收获一个习惯；播下一个习惯，收获一个性格；播下一个性格，收获一种命运。"著名教育家叶圣陶指出："教育就是培养习惯。"习惯的养成对于每一个人来说都是至关重要的，特别是处在成长阶段的孩子，他们的可塑性很强。抓住有利时机将孩子的各种习惯培养好，会达到事半功倍的效果，孩子受益终身。

孩子是不断成长的，处在不同的阶段要有不同的方法，特别是学龄前阶段的孩子。从小培养孩子哪些良好习惯呢？曾仕强教授在"家庭教育三部曲"之《家庭教育》中说："培养孩子一生都要有的东西：吃苦、耐劳、节约、朴素、学习兴趣等，从小培养的是孩子的生活习惯而不是灌输知识。"

曾仕强教授列举了四种习惯：

1. 让孩子明白物有定位，就是东西从哪里来就要放到哪里去；
2. 培养孩子的生活技能；
3. 培养孩子良好的生活态度：勤劳、守分；
4. 从做中学，养成生活习惯。

孩子是喜欢游戏的，游戏是孩了生活中必不可少的重要组成部分。孩子就是在游戏中学习成长的，在游戏中培养孩子的各种习惯，会起到事半功倍的效果。砺智文化说："让孩子出类拔萃的不是过早地识字，而是游戏，游戏，再游戏。"我们很多的朋友认为玩游戏纯粹是浪费时间，没有学习书本知识那样实惠。曾经问过孩子们："喜欢学习还是喜欢游戏？"孩子们则异口同声地说："游戏！"游戏就是孩子学习的内容。我们通常所谓的学习就是打开书本，让孩子读书、认字、做题，这其实是一种目光短浅的学习，给孩子灌输得越多对孩子伤害就越大。游戏可以发展幼儿的语言表达能力、交往能力、想象力、创造力等。孩子特别喜欢玩角色游戏，在游戏中孩子学会了人物的分配、模仿、遵守游戏规则，这就是孩子的学习。游戏中的那些游戏规则是在书上学不到的。砺智文化说："任何行业中，走向成功的第一步是对它产生兴趣，幼儿学习更是如此。"大量的知识灌输，会让孩子感到学习是痛苦

的，还没有上学就开始厌学了，因为孩子体验不到学习带来的快乐，是在家长的压力下进行学习的。

康健老师有一段话非常精彩：

“孩子每一岁都有每一岁的意义，孩子的成长没有速成法可言，每一项能力的发展都需要时间逐步完成。因此，遵循教育成长的规律，才是成功的教育。是不是输在起点不重要，重要的是赢在终点。”

曾仕强教授强调：八个月到两岁以内是养成习惯最好的时间，为以后搞好亲子关系奠定基础。所以懂得家庭教育的规律和孩子成长的规律，抓住各种敏感期将孩子的各种习惯培养好，是教育孩子的头等大事。

我的感悟

不要代替孩子体验，让孩子学会品尝

昨天从上午十点小雨淅淅沥沥下起来了，因为我没有带雨具，担心中午下班时还要继续下。还好，中午下班时借到了一把雨伞，由于骑车的技术不怎么样，手里撑着一把伞，加上路上车来车往，更增加了骑车的难度，遇到紧急情况刹车时手忙脚乱的，自我感觉骑车撑伞是挺麻烦的一件事，没有披雨衣舒服。

下午上班时，雨越下越大，嘱咐女儿要穿雨衣上学，但是女儿坚决不肯，执意撑雨伞，我告诉她："一手扶车把，一手撑伞，遇到紧急情况不容易掌握。"可是人家根本不领情，坚决撑伞骑车到校。我第再次告诉她，撑伞骑车不安全，但女儿还在坚持。我心想何不让孩子亲身体验一下呢？亲身体验了就能明白我说的是否正确了。砺智文化说："不要代替孩子体验，要让孩子学会品尝！"

下午我在想象女儿撑伞骑车是多么的不舒服，回家后一定对我说："后悔没听妈妈的话。"放学后我迫不及待地问女儿骑车撑伞感觉怎么样？是不是特不舒服？没有想到孩子立即否决了我的观点："我觉得挺好的，比穿雨衣舒服多了。"既然两人的感受不一样，我也就不再说什么，幸好是让孩子亲身体验了一次，如果我强行让孩子穿雨衣呢？孩子就不会体验到骑车撑伞的感觉了。

因为成人的经验比孩子丰富，为了让孩子少走弯路，甚至不走弯路，在家庭教育的过程中，成人喜欢将自己的意见、经验强加给孩子，希望孩子顺顺利利地走过自己的一生。但是我们要记住，弯路是必须走的，就像砺智良言说的："孩子是必须要犯错误的，每个年龄段都要允许他犯那个年龄段的错误；如果不犯错误，就失去了通过犯错的经验去学习、应对和成长的机会。"不能将自己的意见强加给孩子让孩子接受而不管孩子是否愿意，如果孩子乐意接受，家长高兴，如果孩子不乐意，亲子双方必然要发生争执，最后闹得不欢而散。孩子有孩子的观点，孩子有孩子的想法，即使同一件事情两个不同的人，看法也不一样，处理问题的方式不一样，结果就可能不一样。

孩子就是孩子，当处理一件事情的时候，作为家长要有同理心，要站在孩子的角度看问题，才能够理解孩子、感受孩子。如果站在孩子的对立面看问题，只是看到问题的表面，则会否定孩子、阻拦孩子。

砺智文化说："学习不学习砺智文化，都得教育自己的孩子，学习了——就能大大提高教育成功的概率！"幸运的是我遇到了砺智文化，并勇敢地走进来了，学习砺智文化家庭教育，我在不断地修正自己、反思自己、改变自己。我成长了，深刻地体会到学习砺智文化家庭教育是一种幸福，从事砺智文化家庭教育是整个家族的幸事！家庭和睦，夫妻和谐，孩子幸福成长！这不是人人都向往的吗？

我的感悟

如何看待幼儿“拿”的行为

早上慧慧入园时，她的妈妈递给了我几个玩具，这是慧慧小朋友昨天带回家的幼儿园的玩具。妈妈问她为什么将玩具带回家，她回答：“想带回家玩玩。”

孩子将幼儿园的玩具带回家的现象已发生过很多次，不同的家长对这个相同的问题有不同的态度。

有的家长对孩子“拿”玩具的行为不闻不问，他们觉得无所谓，不是什么大事。

有的家长面对孩子“拿”的行为大为惊讶，大动肝火：怎么学会“偷”东西了呢？

有的家长面对孩子这样的问题，没有暴跳如雷，而是心平气和地给孩子讲明道理，让孩子意识到不是自己的东西不能随便拿，想玩别人的东西要征得他人的同意后才可以玩。

1. 孩子为什么喜欢将玩具带回家？

（1）孩子年龄较小，对于物品所有权的概念还没有建立起来，认为只要自己喜欢，就是自己的，就该归自己所有。

（2）孩子的正当需求得不到满足，只要是看到喜欢的，就想占为己有，会偷偷拿回家，不过孩子的这种行为与真正意义上的“偷”有着本质的区别。

（3）孩子有随随便便拿别人东西的习惯，由于第一次没有被家长发现或是没有引起家长的重视，“拿”自然成了一种习惯。

2. 如何处理孩子“拿”的行为呢？

（1）如果孩子“拿”是经常性的行为，家长就要引起高度重视了，给孩子讲清道理，别人的东西不能随便动，更不能随随便便拿回家，那样妈妈会不高兴的。

（2）如果是孩子一时好奇拿回了家，应该让孩子尽快还回去，想玩别人的玩具要征得他人的同意，玩完后要尽快归还。

（3）要尽量满足孩子的正当需求，孩子的正当需求得不到满足时，孩子

会通过其他渠道满足自己。

(4)家长对孩子“拿”的行为要心平气和,不能看到孩子的表面行为就要上纲上线,认为是“偷”,这只能给孩子造成很大的心理压力。要仔细询问孩子行为背后的原因,才能对症下药,让孩子平稳地度过这个时期。

学龄前幼儿对成人的说教一时难以理解,可以根据幼儿的特点,以讲故事的形式、讨论的形式、游戏的形式让孩子参与其中,让孩子进一步明白随随便便拿他人的东西是不好的行为。

砺智文化说:“孩子犹如一张画纸,父母的一言一行就像留在纸上的色彩。”面对孩子出现的问题,不能视而不见,也不能如临大敌,心平气和将问题顺利解决是首要任务。

我的感悟

学会在孩子面前示弱

“我的孩子太懒了，什么都不做，什么都不会做!”“我的孩子不知道心疼人，有一次我病了，高烧起不了床，孩子都不知道给我端杯水，我强忍着病痛还要给他做饭，孩子怎么这么没有良心呢?!”每每说到孩子的不作为，家长的话中透出的是无奈、失望，是孩子不知道做家务吗？是孩子不懂得孝敬父母吗？

任何一个问题孩子的背后都能在家长身上找到根源。孩子不肯主动做家务、不会做家务、不懂得孝敬等所有的问题都需要在我们自己的身上找找原因。

问问我们自己，在孩子面前一直扮演着什么样的角色，是强人的角色？孩子的事就是我的事，孩子该做的事我都替孩子做了，孩子该想的我都替孩子想好了；还是事事放手，在孩子需要时给予引导和帮助？从幼儿教育现在的状况来看，多数人都在扮演着第一种角色吧？记得有一个故事是这样的：

一位母亲为了孩子伤透了心，她不得不去咨询教育专家：“我的儿子都33岁了，什么也不会做，什么事情都要靠我，我该怎么办?”专家问：“孩子第一次系鞋带的时候打了个死结，你是不是不再给他买有鞋带的鞋子了?”母亲点了点头。专家又问：“孩子第一次洗碗的时候，弄湿了衣服，你是不是不再让他走近洗碗池?”母亲称“是”。专家接着说：“孩子第一次整理自己的床铺，整整用了一个小时，你嫌他笨手笨脚，对吗?”这位母亲惊愕地看了专家一眼。专家又问道：“孩子大学毕业去找工作，你又动用了自己的关系和权力?”这位母亲更惊愕了，从椅子上站起来，凑近了专家问：“您怎么知道的?”专家说：“从那根鞋带知道的。”母亲问：“以后我该怎么办?”专家说：“当他生病的时候，你最好带他去医院；他要结婚的时候，你最好给他准备好房子；他没有钱时，你最好给他送钱去。这是你今后最好的选择，别的，我也无能为力。”

看了这个故事，你觉得你有这位妈妈的影子吗？孩子从小都有做事的欲望，当孩子学习吃饭、扫地、刷碗的时候，我们给孩子机会了吗？可能你说：“孩子小，大了再做吧，不忍心让孩子亲自动手做，即使做了也做不好，我们还要收拾残局，不如不做。”正是由于我们的“好心”剥夺了孩子锻炼的机

会,孩子想自己吃饭,家长又不放手,孩子吃饭的欲望一次次被削弱,最后只能等、靠。在我们无微不至的关心中,孩子一次次失去了锻炼的机会,孩子无法体验、无法感知,它带来的后果是孩子的懒惰和无能,也带来了家长无尽的悲哀和失望。

砺智文化说:“不要代替孩子决定,要让孩子学会选择;不要代替孩子体验,要让孩子学会品尝;不要代替孩子总结,要让孩子学会反思。”孩子良好的行为习惯和生活技能是从小培养的。如果在孩子需要学习的时候我们没有教给孩子做事的技能,错过了学习的最佳时机,等孩子慢慢长大,孩子什么都不会做是再正常不过的事情了,反过来又要埋怨孩子,孩子是不是很冤枉?

砺智文化又说:“全能的妈妈造就无能的孩子。”父母不要万事代劳,剥夺孩子的生活自理能力。即使多么能干的父母,也要学着做一个“懒”妈妈,学着在孩子面前示弱一点,给孩子锻炼的机会,给孩子一个孝敬父母的机会,给孩子一个自我成长的机会,让孩子觉得自己是家中的一份子,让孩子学会担当、学会感恩、学会珍惜、学会宽容,我们的孩子才能一天天强大,我们的孩子才能一天天成长起来。

不要让孩子输在家庭教育上

有位父亲对女儿的教育方式比较独特,他从来没有辅导过女儿做功课什么的,就是每天回来跟女儿聊十分钟,只聊四个问题,就完成了他的家庭教育。这四个问题是:

1. 学校有什么好事发生吗?
2. 今天你有什么好的表现?
3. 今天有什么收获吗?
4. 有什么需要爸爸帮助的吗?

看似简单的问题背后其实蕴含着丰富的含义:

第一个问题其实是在调查女儿的价值观,了解她心里面觉得哪些是好的,哪些是不好的;

第二个问题实际上是在激励女儿,增强她的自信心;

第三个问题是让她确认一下具体学到了什么;

第四个问题则有两层意思,一是我很关心你,二是学习是你自己的事。

就是这简简单单的四个问题,包含了很多关爱、关怀在里面,事实证明也很有效。这是一位明智的父亲,他懂得孩子需要的是什么,他知道亲子沟通的技巧,他明白自己肩负的责任。看似简单的问题背后深藏着父亲对女儿的爱,对女儿的期望。如果我们换一种问法,结果会怎么样呢?

1. 作业做完了吗?
2. 几点了? 还不睡觉去,就知道看电视。
3. 这次考试考了全班第几名? 全年级呢?
4. 你看看人家明明,什么都比你强,你比人家缺吃了还是少穿了?
5. 有本事你也考个第一名让我看看。

…………

通过对比相信大家明白孩子为什么有差异了吧。不是孩子不想学习,不是孩子不努力,不是孩子比其他人差,那么孩子输在了哪里呢? 输在了家庭教育上,输在了家长的教育观念上。孩子听了家长的询问,可想而知孩子会以什么样的状态对待家长。顶嘴反驳、消极对待、甩手关门、不想理睬家长，这是轻的表现。严重的呢？不说大家都明白，到那时一切悔之晚矣！

家庭不是学校应试教育的延伸，它是孩子的避难所，是孩子倾诉、宣泄、寻找爱的地方。家庭是孩子的第一所学校，父母是孩子的第一任老师也是终身老师，要做一个懂孩子的父母、了解孩子的父母首先要是一个爱学习的父母。砺智文化说："家庭教育的任务，首先是父母教育、父母学习。"到哪里学习？学习什么？走进砺智文化家庭教育学习系统，系统学习砺智文化家庭教育。砺智文化已经为我们建立了一个完整的学习系统，我们只有沉下心来扎扎实实地学习新的家庭教育观念，用新的家庭教育理念武装自己，置换出已有的错误的、落后的教育观念，用正确的方法引导孩子，才能让孩子不输在家庭教育上，因为我们的第一使命就是为孩子提供一个良好的家庭环境。你做好学习的准备了吗？

我的感悟 ……………………………………

……………………………………

……………………………………

……………………………………

孩子有病家长吃药

“我的孩子最爱看电视，怎么说都不听，真拿他没有办法。”“我的孩子不爱学习，说也不听，拿他没办法。”“我的孩子不好好睡觉，说了80遍了，没有效果，拿他没办法。”……妈妈们聚在一起又数落起孩子来，简直是滔滔不绝。孩子是家庭的中心，孩子的一言一行成了家长关注的焦点，从家长的话中可以看出他们在教育孩子的问题上存在着很多的无奈。

用一句“拿他没办法”就能解决问题吗？

孩子身上出现的各种问题总能在家长的身上找到根源。孩子来到这个世界上本来就像一张白纸，为什么在后天成长中，孩子会有千差万别呢？砺智文化说：“父母的教育素质包括教育观念、教育方式和教育能力。”染于苍则苍，染于黄则黄。孩子后天的发展与父母的教育观念、教育方式、家庭环境是密不可分的。孩子出现问题并不可怕，可怕的是父母从来没有考虑过自身的原因，不从自己的角度查找问题根源，只会将问题的矛头对准孩子，对孩子批评、抱怨、指责、打骂。砺智文化说：“打骂不能解决孩子的教育问题，只能宣泄父母的急躁情绪。”有的父母甚至说：“我怎么这么倒霉，生了你这个没出息的东西。”侮辱性的语言刺伤了孩子的心灵，拉大了亲子之间的距离，虽然同住一个屋檐下，但是每天形同陌路。

家长咨询时说到孩子的问题，都表现得非常心切而又无可奈何，见到指导师就像抓住了救命稻草，恨不得立即给开出药方，孩子吃了马上能见效。世上真有解决孩子问题的灵丹妙药吗？有，那就是孩子有病家长吃药！孟子曰：“行有不得，反求诸己。”是啊，孩子有问题，做家长的就要从自身查找原因。

当拿孩子没办法的时候，我们首先应该扪心自问：“孩子为什么出现问题？是我的教育哪里出现了问题？我应该怎样解决？”当反思自己的时候，也是自己想办法解决问题的时候，就是加快步伐抓紧时间学习的时候了。有的父母说：“学习？我哪有时间啊？”如果做父母的都舍不得拿出时间来学习，没有兴趣学习，没有耐心学习，自己不想做丁点儿的改变，那就不要期盼

孩子能有所改变。我们应为了教育孩子去学习，为了引导孩子而改变，不能再停留在“没有办法”的层面上了。通过学习、反思、感悟找到问题的症结，悟出解决问题的方法，并能正确地引导孩子，我们的孩子才能渐渐走到正确的轨道上来。

孩子有病家长吃药，这是摆在每一位家长朋友面前刻不容缓的事情。

孩子出现问题了怎么办?

【成功就是跟对人　迷路就是问错路】

我的感悟

不爱"吃"橘子的铭铭

随着天气渐渐转冷,橘子成了时令水果,下午加餐时给孩子吃橘子的次数越来越多。就是因为吃橘子,我发现了一个奇怪的现象:保育员阿姨将橘子分给铭铭时,铭铭每次都拒绝,摆手不要。拒绝的次数多了,我们心里犯起了嘀咕,分析起原因来:是铭铭不愿意吃橘子?还是因为怕凉?有一次当阿姨将剥好的橘子递给铭铭时,铭铭竟然接过橘子大口吃起来。我们相视一笑明白了其中的缘由:铭铭不是不爱吃橘子而是不会剥橘子。

五岁的铭铭是一个可爱的小男孩,每天笑眯眯的,但性格非常内向,不爱与小朋友交往。他平时都是由爷爷奶奶照看,由于包办得过多,铭铭至今衣服都不会穿,遇到事情往后退缩,能力相对来说差了很多。单是剥橘子这样一件简单的事情铭铭都做不了,从中可以看出在家里爷爷奶奶是什么都不让铭铭做的。

我们的家长都很爱孩子,但在怎么爱的问题上,常常犯糊涂:凡是孩子该想的,家长都替孩子想了;凡是孩子该做的,家长都替孩子做了,以为这样才是爱孩子。恰恰相反,随着孩子年龄的增长,如果还是将手中的线紧紧攥住不放,不但孩子的能力得不到锻炼,反而养成事事依赖父母的习惯。包办过多的孩子做事没有主见、没有主动性、自理能力差,这不是父母教育的初衷。因为家长都希望孩子将来成龙成凤,可是由于教育不得当,没有将孩子从一个自然人培养成人格健全的社会人,这是谁的悲哀?孩子?家长?社会?我想这是谁都不愿意看到的结果,但是这也是很多家长每天还在不断重复做的事情。

砺智文化说:"管得过多叫包办,管得过频叫唠叨;管得过细叫监控,管得过死叫霸道。奉劝家长快放手,健康成长乐悠悠!"为了孩子的未来、为了家庭的幸福,努力学习砺智文化家庭教育,是每一个做父母的义不容辞的职责!

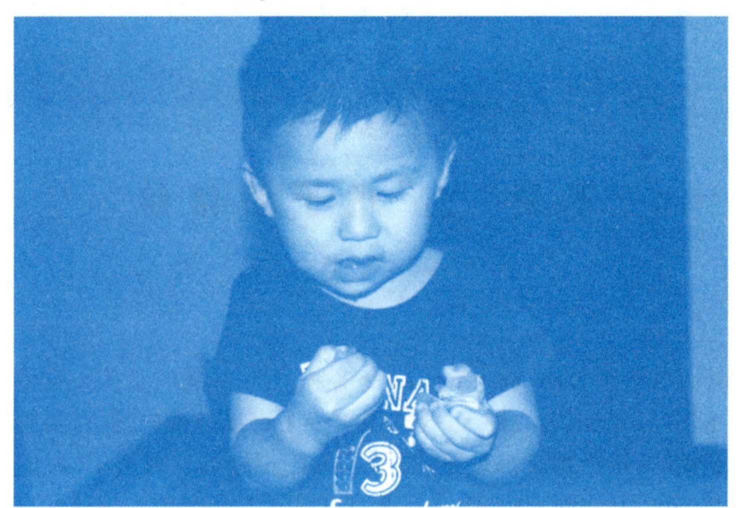

我的感悟

发现孩子的闪光点，给予他们更多的“爱”

每年每一个班级都有这样几种类型的孩子：一是非常调皮，每天惹事不断的孩子；二是各方面表现优秀，接受能力很强的孩子；三是默默无闻，做什么事情都不积极表现的孩子。

第一种孩子由于调皮捣乱，得到老师关注的机会多，受到批评的次数也多；第二种类型的孩子是老师非常喜欢的，这类孩子自然受到表扬的机会也多；第三种孩子既不惹事又不出众，往往很容易被老师忽略。

五岁的铭铭属于第三种孩子，由于从小被爷爷奶奶养着，包办得过多，铭铭的能力相对来说较差，不善于表达，遇事往往退缩，自然引不起老师的关注。这类被老师遗忘的孩子内心是非常脆弱的，非常渴望得到老师的关注和鼓励。作为老师应该抓住有利时机对这部分孩子大加表扬和鼓励，提高他们的自信心。

午睡的时间到了，其他小朋友趁机热闹起来了，腼腆的铭铭在同伴的吵闹声中，默默地将小朋友的小床一层一层地慢慢拉开，就是这样一个小小的举动，引起了老师的注意，这不正是表扬铭铭的大好时机吗？我大声说：“小朋友们看看，铭铭在做什么呢？”吵闹的孩子安静下来了，我继续说：“铭铭在做好事，帮助我们拉开了床，我们给他掌声，谢谢铭铭好吗？”小朋友向铭铭投去了羡慕的眼神并给予了热烈的掌声，热烈的掌声让铭铭怪不好意思的，铭铭脸红红的，脱好衣服上床睡觉了。铭铭这一觉睡得特别香甜、特别踏实，并且中间也没有醒过。之前铭铭可不是这样的，睡得晚，醒得早。难道老师一句表扬的话竟有这样神奇的魅力？砺智文化说：“孩子都想得到尊重、赏识、掌声和认可，你给了吗？”砺智文化又说：“让一个人发挥最大能力的方法，就是欣赏和鼓励！”对于一个五岁的孩子来说，一句简单得不能再简单的表扬，对孩子就起了这么大的作用，作为老师感觉自己做得很不到位。世界上没有两个完全相同的人，就如同世界上没有两片完全相同的树叶，默默无闻的孩子也是孩子，也是父母的心肝宝贝，每一个孩子都需要家长和老师的阳光雨露，需要老师平等对待他们。不能因为他们不起眼，不能因为他们没有好的表现，不能因为他们没有积极参与班级的活动，就将他们忽略。善于发现他们的闪光点，将“爱”给予这部分孩子是老师的责任和义务。

苏霍姆林斯基说过：“现在的孩子心理比较脆弱，其自尊心就像‘一朵玫瑰花上颤动欲坠的露珠’一样，弄不好就会抖落，对待它，我们应‘十分小心’。”默默无闻的孩子，他们的心就像这露珠，更需要老师的关注，更需要老师精心的呵护，将爱给予这部分容易被老师忽略的孩子吧，善于发现他们的闪光点，将爱的目光多分给他们一点，将鼓励的掌声多给予他们一点，让他们感受到自己就是我们中的一员。

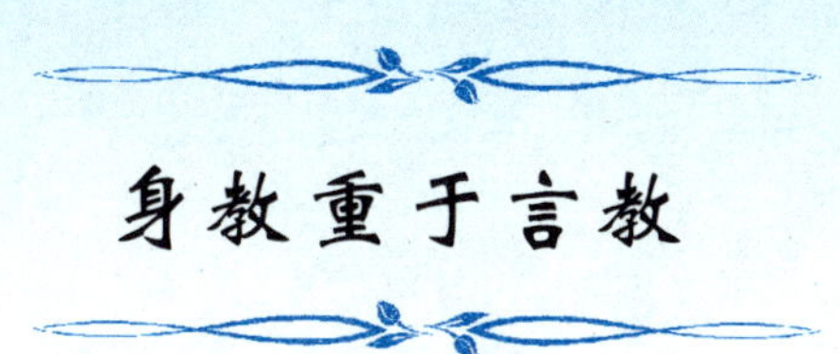

身教重于言教

昨天女儿问我:“妈妈,元旦放假哪一天回姥姥家?”我随口说:“还没定。”“如果没有定位,我们一天将茫然四顾;如果没有目标,我们一生将毫无意义。”听了女儿的话,我非常惊讶,一是惊讶女儿将我们每天学习的“每日背熟一句”背诵得这么熟练,二是惊讶女儿将砺智良言运用得恰如其分。我被女儿驳得哑口无言,但是心中窃喜。

之所以窃喜,主要是因为自从康老师2011年10月31日推出“每日背熟一句”活动后,我并没有刻意让孩子去诵读,我知道女儿的脾气性格,她如果不想做的事,逼是不起作用的。于是我自己背诵,做给女儿看,背诵得多了,女儿自然记住了很多。有时间让女儿听听我背诵得好不好,给提提意见,哪里出现错误,让孩子起到监督作用,女儿挺乐意担当,有一个爱学习的妈妈,女儿自然也爱学习了。身教重于言教还真是有魅力啊。

常常听到很多家长反映孩子不听话,不好好学习,不爱做作业。当要求孩子学习的时候,当要求孩子做作业的时候,想一想作为家长的我们做什么了?饭后是拿起书本看书了吗?还是坐在电视机前看肥皂剧?或是几个人彻夜“坐长城”?你可能说,我学不学也就这样了,只要孩子学习好就行了。砺智文化说:“家长是主机,孩子是显示器;家长是原件,孩子是复印件。”砺智文化又说:“给孩子最好的礼物是榜样。”我们自己都不爱学习,有什么理由要求孩子学习呢?即使我们不爱学习,也要拿起书本来,给孩子做出爱学习的样子,身教的力量是无穷的啊。康老师说过:“我们走进砺智文化是为了把自己的孩子教育好,家长的榜样力量是最有感染力的,一个爱读书学习的家长不用发愁孩子学习不好,一个爱打麻将的家长总是强调孩子要好好学习,结果仍然是白费口舌。”

我们要想将孩子教育成功,必须按照砺智文化提倡的七字诀“学会、说对、做到位”坚定不移地执行。“学会、说对、做到位”是我们教育孩子的制胜法宝,但前提必须是将身教重于言教做得准确到位。

我的感悟

对孩子的爱是无条件的

当孩子蹒跚着走出人生第一步的时候，当孩子生平第一次喊出“爸爸、妈妈”的时候，当孩子第一次冲你微笑的时候……父母的心情是兴奋的，表情是惊喜的，眼神是柔和的，语气是欣赏的，动作是温柔的，语言是甜美的。孩子一生中有很多很多的第一次，父母的惊喜不亚于哥伦布发现新大陆。不管孩子做什么、不管孩子说什么，在家长的眼里都是好的，都是对的，父母给予孩子的是鼓励、欣赏和掌声。

孩子在父母的关爱中渐渐长大了，活动范围随之扩大了，面对充满诱惑的世界，孩子对周围的一切充满了好奇，孩子想用手摸一摸、用牙咬一咬、用眼睛看一看、用鼻子闻一闻……在不断地摸、咬、观察的过程中，孩子的知识不断积累，经验不断丰富，但是很多父母认为这是孩子不听话、调皮的行为。孩子上学了，学习成了孩子的全部内容，做作业、考试、排名次成了家长关注孩子的焦点。这不泽泽因为考试考砸了，导致了妈妈的一顿训斥：“‘17-16=’这么简单的题都不会做，以后就不用看电视了。”泽泽怯生生地问：“为什么不能看？”“你都玩疯了，题都不会做，还看什么电视？过年期末考试如果考砸了，看我怎么收拾你！”命令中带着威胁，孩了委屈的泪水顺着脸颊滑下来，但是妈妈不管那么多，她要的是分数，分数高于一切，这次暂时考得不好，就没有得到妈妈的原谅，妈妈并没有和孩子一起分析哪里考得不好，以后应该怎么办。妈妈与孩子说话的语气变了、眼神变了、表情变了、取而代之的是对孩子的愤怒和不满，亲子之间那种平和的关系也随之打破了。从此之后亲子双方之间的矛盾不断升级。砺智文化说：“爱是无条件接纳——任何有条件的爱都不是真正的爱，而是赤裸裸的管制和奴役！”砺智文化考问我们：你是真心爱孩子，还是更爱孩子的分数？

以上种种不合拍的行为与当初孩子人生的第一次相比，父母的态度发生了质的变化，当初孩子所有的行为在父母的眼里都是好的，父母的鼓励与欣赏激励着孩子不断求知，现在孩子在父母眼里只有缺点没有了优点。

家长对孩子的爱是有条件的，如果考得好，就可以看电视、就可以出去

玩、就可以买玩具……

不管孩子的学习成绩怎么样，不管孩子的作业做得如何，不管孩子是否听话，我们对孩子的爱应该是无条件的。走进砺智文化学习家庭教育，就能明白对孩子真正的爱是什么，因为砺智文化家庭教育最重要的一点就是：把孩子当孩子。

我的感悟

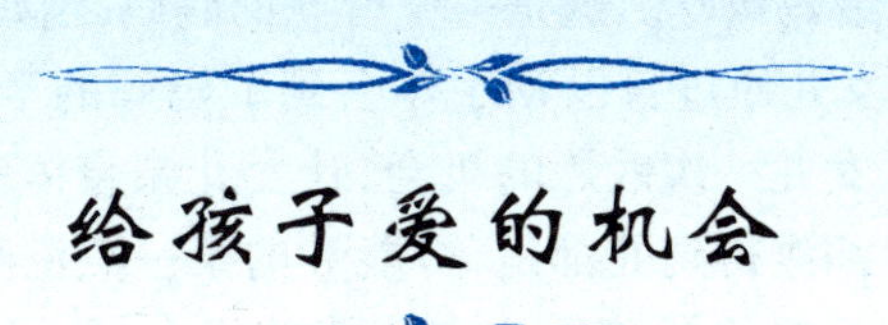

给孩子爱的机会

今天是蒙蒙的生日，也是蒙蒙在幼儿园过的最后一个生日。为庆祝蒙蒙五周岁的生日，中午下班后蒙蒙的爸爸特意送来了一个大蛋糕，让蒙蒙与小朋友一起度过这个美好的时光。

老师问小朋友："为什么过生日呀？"

小朋友："可以吃蛋糕、吃麦当劳、买礼物……"

听着孩子的回答你满意吗？我听了没有高兴起来，反而为我们的教育担忧，这也是我们教育的败笔。作为家长应该让孩子明白，自己的生日就是妈妈的受难日，有一句话说，孩儿的生日娘的苦日。生日这一天最应该感谢的是自己的妈妈，感谢妈妈为自己付出的一切，可是我们的孩子却不能理解，怪谁呢？当然责任在于教育者。每当我们的孩子过生日，这便是家里的大事，是家里最隆重的一件大事，这一天可以带孩子到酒店庆祝，可以买新衣服，可以买玩具，可以买零食。这一天是孩子最得意的一天，这一天是孩子最舒服的一天。孩子有感恩的心吗？恐怕让孩子认识到的不多。

上周让孩子认识货币，当我问到我们吃的食物、穿的衣服、玩的玩具，是用什么买来的时，孩子说："用钱买来的。"又问钱是哪里来的？孩子齐声说："从银行取来的。"

过生日就是要吃蛋糕、吃麦当劳、吃肯德基，就是要买一大堆的礼物，否则不叫过生日；没有钱可以到银行去取——孩子们可谓幸福至极。不懂感恩，不知父母的辛苦，只有索取，这是孩子的过错吗？不是，是做父母的没有教给孩子如何感恩；没有让孩子知道父母工作的辛苦；孩子在父母"爱"的包围下养成了衣来伸手饭来张口的习惯，养成了什么都是应该的，自己想要的必须要得到的思想。

为了"爱"孩子，只给孩子爱，没有让孩子承担责任，没有给孩子展示爱的机会，孩子哪里会懂得爱父母，哪里会懂得承担责任？！

有一位妈妈做得就非常好。在女儿四岁生日的那天，女儿炒菜给妈妈吃，但身高不够，她就自己搬来凳子站上去炒菜，把油倒进锅里，不料油又溅起来，

她又找了一个大手套套在手上，等把带着水的黄瓜放进油锅，油溅得更高了，她灵机一动，把爸爸的安全帽戴在头上。她费尽“千辛万苦”终于把菜炒好了，小心翼翼地端出来给妈妈吃。这是一位智慧的妈妈，当妈妈吃到孩子炒的菜时是何等的幸福！女儿通过自己动手体会到了妈妈的辛苦。这位妈妈在这个特殊的日子给了女儿一次锻炼的机会，让女儿亲自体验炒菜的过程，可能孩子在炒的过程中油溅得到处都是，可能炒的菜一点滋味也没有，那又怎样呢？重要的是这位妈妈给了孩子一次锻炼的机会，给了孩子一次展示的机会，给了孩子一次报答妈妈的机会，孩子体验到了，从此在孩子的心中感受到劳动的快乐，体会到了妈妈的辛苦，体验到了妈妈对自己的爱。

不是我们的孩子不会爱，不是我们的孩子不懂爱，是我们的父母没有给孩子爱的机会，没有给孩子锻炼的机会，没有给孩子孝敬父母的机会。为了让孩子承担责任，为了让孩子体验到父母的不易，每个父母都有责任和义务放手让孩子锻炼。

砺智文化说：“家庭教育需要做好四件事——替孩子做的事情，教孩子做的事情，陪孩子做的事情，让孩子做的事情。”这四个过程你走到哪一步了呢？如果不具备教育孩子的能力，要想将孩子教育成功，只能是空想、空谈。砺智文化又说：“把孩子教育成人才是家长最伟大的事业！”学习砺智文化家庭教育是一大幸事，可以改变两代人甚至几代人的命运！”

教育孩子要学会纵向比较

首先和大家分享一个寓言故事：

一天，毛驴和白马结伴去山区。在平川大道上，白马四蹄腾飞，不一会儿就把毛驴甩到了后面。白马回头见毛驴摇着两只大耳朵，不紧不慢地走着，非常着急，便朝毛驴大叫起来："看你那慢吞吞的样子，我们什么时候才能到地方啊？你真是个庸才！"毛驴听了白马的训斥，一不生气，二不泄气，仍然一步紧一步地向前走着。进入山区后，山路变得又陡又窄，崎岖不平，白马走得非常吃力，速度不知不觉地慢了下来。毛驴却加快了步伐，噔噔噔地赶到了前面。白马看毛驴走起羊肠小路来是这样的轻松，不解地问："黑毛驴，你为什么走起山路来比我快呢？"毛驴回答说："术业有专攻，各有所用。在一定条件下落后的，并不都是庸才啊！"白马听后，对自己刚才的失言倍感羞愧。

启示：白马在平川大道上跑的速度比驴子快得多，但在羊肠小道上却不如驴子跑得快，是因为个体技能的发挥会随着环境的变化而变化。孩子也是一样的，每一个孩子都是与众不同的，都是独一无二的。砺智文化说："世界上没有两个相同的人，如同世界上没有两片相同的树叶！"每一个孩子都有不同于他人的优点和缺点，如果将自己孩子的缺点与他人的优点作比较，这种无原则的比较，比出的是家长的焦虑、不安、愤怒，比出的是对孩子的无端指责，同时比出了孩子的自卑、不自信、事事退缩。

要学会比较，怎么比呢？纵向比较，我们要拿孩子的现在和过去作比较，看看孩子有哪些方面进步了，有哪些方面退步了，然后才能有针对性地引导孩子。面对孩子的缺点如果喋喋不休，孩子对我们的教育不再认可，甚至会产生逆反心理。如果对孩子的缺点可以忽略不计，对他们的优点用放大镜放大，孩子会与我们产生共鸣。如何放大？首先罗列出孩子身上的30个优点，并将其写在纸上，贴在家中最显眼的地方，可能你要说，我的孩子没有那么多的优点呢。好办，将我们期望的优点写出来，当作孩子的优点，然后每天对孩子的优点进行表扬，再看看孩子的表情，看看孩子的眼神会发生

什么样的变化。当孩子的生活里没有了指责，没有了埋怨，没有了无原则的比较，孩子就会朝着我们期望的方向发展。用优点置换缺点，优点会越来越多，孩子的缺点自然会越来越少。用正面的语言与孩子交流，用正确的行为引导孩子，我们的教育才能走进孩子的内心，才能赢得孩子的信任，才会出现正常的亲子关系。

砺智文化说："多看别人的长处，多念别人的好处，包容别人的缺点，原谅别人的失误！"对于成长中的孩子更要有包容的心态，就像卢勤老师说的，把爱的目光聚集在孩子需要激励的地方，然后多赞美他们、多夸奖他们，我们的孩子会越来越好，越来越有自信。

家长好好学习，孩子天天向上

每教一个班时我总是喜欢问孩子们："睡觉前妈妈给讲故事吗?"举手的只有五六个孩子，问其他的孩子，为什么妈妈不给讲? 孩子们不是说妈妈没有时间，就是说妈妈没有给讲故事的习惯。

幼儿天生爱学习，他们的好奇心强，求知欲特别旺盛。在幼儿的成长过程中会出现许许多多的关键期也就是敏感期，在敏感期到来时，孩子的接受能力特别强，如果错过了这个敏感期，以后想要补救就比较困难了。砺智文化说："孩子在幼儿期间，蕴藏着无限的可能性，需要父母加以挖掘和引导。"砺智文化又说："父母的第一使命，就是为孩子提供一个好的家庭环境。"孩子喜欢读书的时候，如果我们没有给孩子营造读书的家庭氛围，没有给孩子培养读书的习惯，没有给孩子树立读书的榜样，想要孩子爱上读书恐怕有点困难。

随着孩子年龄的不断增长，孩子已经到了上学的年龄，学习自然就成了孩子的全部，考试成绩成了考核孩子的主要指标，由于很多家长朋友自己不喜欢读书，却要求孩子读书；自己没有进步，却要求孩子天天进步，自然孩子从小没有养成读书的良好习惯，在这个时候，父母反过来责备孩子，指责孩子不爱学习、不爱读书。托尔斯泰说："人人都想改变世界，却没有人想到改变自己。"当要求孩子读书、进步时，首先我们要做到的是自己要读书、要学习、要进步，自然而然孩子会读书、会进步。砺智文化说："影响孩子成绩的主要因素不是学校，而是家庭。家庭教育是人成长的根部和根本，它是'培根教育'。"

砺智文化说："孩子们需要的是榜样，而不是批评!"砺智文化又说："父母教育孩子的过程，也是自身不断学习和感悟的过程。"所以我们要求孩子改变，自己首先要改变。当我们向内看自己时，就会发现自己存在很多的问题需要改变，当我们改变后发现人生都是幸福快乐的。被誉为"亲子关系第一人"的董进宇博士回忆自己喜欢读书的经历，谈到他上小学时，他父母不知从哪里弄了一本《林海雪原》，父亲回家就看，父亲不在家时，母亲就看，有时母亲烧火做饭还要看，甚至父母争着看。当时，他就认为这个书里一定有好东西，就从母亲手里夺回来，但一看，就是黑字，什么也没有。母亲就告诉他：“你以后认字了，就能看到里面的‘杨子荣’‘座山雕’了。”这种读书的欲望一直激励着他，董进宇一家因为培育出三个博士、三个大学生而全国闻名。

砺智文化说：“激发孩子的学习欲望，远比教会有限的知识更有意义！”做一个智慧的父母，对孩子的教育要抓住有利时机进行引导，会起到事半功倍的效果。

贝贝为什么总是欺负妹妹

贝贝刚刚七岁，上小学一年级，贝贝不是独生子女，他有一个一岁多的妹妹。据妈妈说，自从有了妹妹后，贝贝的表现很反常，不再听父母的话，动不动就与妈妈顶嘴，有时还趁妈妈不注意偷偷地打妹妹一巴掌，或者从妹妹的手里夺过正在玩的玩具、吃的食物……每每惹得妹妹大哭，哥哥免不了要挨一顿妈妈的训斥。

妈妈不理解贝贝为什么会有这样的表现。

在没有妹妹之前，贝贝是家中唯一的宝贝，一直是被父母关注、被重视的，什么东西都是独一份，什么事都以他为中心，父母的爱一直在贝贝的身上，可以说享受的是妹妹现在享受的一切。自从有了妹妹之后，父母把全部的爱转移到了妹妹身上，由于妈妈忙于照顾妹妹，没有时间接送贝贝上下学，贝贝只能托人接送。回到家也不是家里的中心，看到妹妹在妈妈的怀里撒娇，心里难免有些失落，贝贝感到自己被忽视和冷落了，甚者认为爸爸妈妈不再爱他了，妈妈眼里也没有他了，认为是妹妹夺走了他所有的一切，便将心中的不满发泄到妹妹身上。妈妈看到贝贝欺负妹妹就会大吵贝贝，这样做的结果只会加重贝贝的逆反心理。为得到妈妈的爱，贝贝想尽办法引起妈妈的注意，妈妈反而觉得孩子不听话，不体谅妈妈的辛苦。

是孩子不听话？是孩子不体谅父母吗？

主要的问题是妈妈不了解孩子此时的心理变化，没有及时与贝贝沟通，才造成了这样的局面。

为了缓解亲子之间僵硬的关系和接纳妹妹，父母要从以下几方面下功夫。

1. 及时沟通

砺智文化告诉我们：一个人的思想对另一个人来说是客观的，如果不通过语言或文字表达出来，对方是永远不了解的。把当前的现状及时和儿子沟通，让儿子明白，妈妈还像原来那样爱他，只不过妹妹现在小，需要妈妈的照顾多一些，不能像原来一样事事以他为中心了。

2. 多与孩子相处

平时妈妈要兼顾到儿子，不能因为有了第二个孩子忽略了大孩子，多与贝贝相处，听听孩子的内心想法，走进孩子的内心世界中，从语言上、肢体上给予儿子关注，经常给孩子拥抱，让儿子感到不会有了妹妹自己被冷落了，让儿子感受到来自妈妈的爱。

3. 加入到照顾妹妹的行列中

让儿子多与妹妹相处，将照顾妹妹的重任分担给儿子一点，让儿子明白哥哥有照顾妹妹的责任和义务。替妈妈分担重任，儿子有一种被重视的感觉，感觉自己很有价值，从中体会到妈妈的不容易。妈妈可以讲讲儿子小时候也是这样可爱，妈妈也是这样照顾他，让儿子当妈妈的小帮手，帮着晒晒尿布、给妹妹讲讲笑话或故事等，让孩子从情感上接受妹妹，缓解孩子的失落感。

当贝贝表现异常的时候，他的一系列表现无非是发泄自己的不满，想引起父母的注意。砺智文化说："一切教育都是从我们对儿童天性的理解开始的。"孩子是纯真可爱的，当找到了问题的症结，及时沟通、让孩子了解问题的原委，亲子之间就能很融洽地相处。

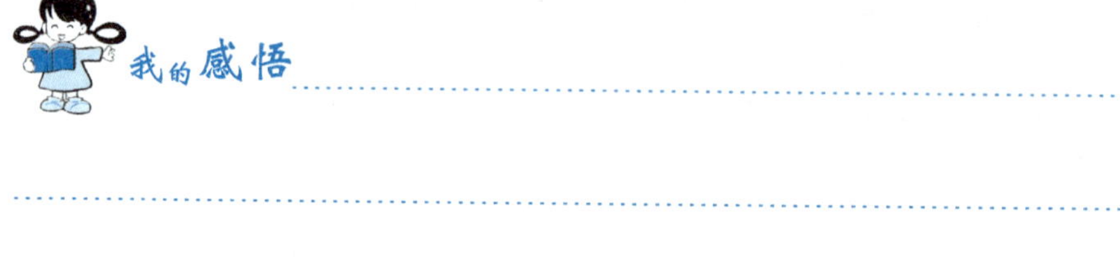

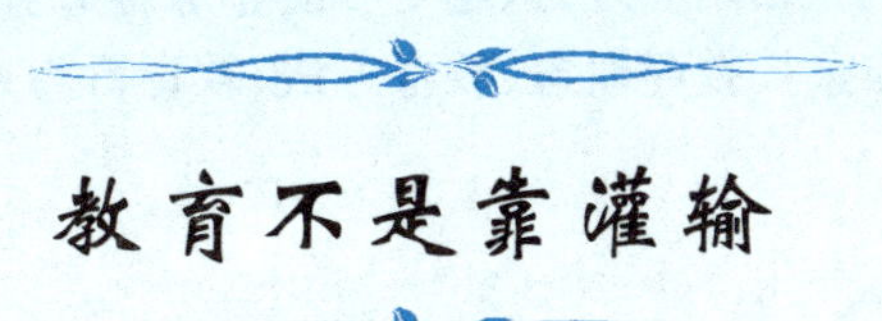

教育不是靠灌输

在幼儿园待了一天的孩子们，盼望着爸爸妈妈早一点接自己回家。每周五下午离园时，孩子们见到家人后就像小鸟一样欢乐地飞向他们的怀抱，家长们也兴高采烈地牵着孩子的手，临走前不忘问老师一句："老师，有作业吗？"很明白家长的心思，他们多么希望周六、周日孩子也能继续学习。

在开展砺智文化家庭教育沙龙时，我说我们都非常爱孩子，希望我们的孩子能健康快乐地成长，但是有几个家长真正爱自己的孩子？家长满脸的疑惑。我说当我们领着孩子离园时，谁问过孩子："今天你开心吗？今天谁是你的好朋友？而不是问今天学了什么？"砺智文化告诉我们：爱不仅仅是一种情感，而是一种需要学习和提升的能力。只有会爱，才能真正爱孩子。

学龄前的孩子该学习什么呢？砺智文化说："让孩子出类拔萃的不是过早地识字，而是游戏，游戏，再游戏。"好玩是孩子的天性，学龄前的幼儿是在游戏的过程中不断积累知识的，在游戏中孩子会学到书本上学不到的知识：包括与人交往的能力、观察能力、语言表达能力、创造能力、竞争意识、合作能力、经受挫折的能力、做事的主动性和独立性……这些能力家长看不到，家长喜欢实际的显性的东西。很多的家长为了不让孩子输在起跑线上，为了让孩子学到更多的知识，于是不停地给孩子灌输，好像只有这样孩子才能学得多，学得比别人好，才能顺利进入小学，才能在班级排上好名次。灌输书本知识可能当时见效，但是从孩子的长远发展来看，过早的大量的书本知识的灌输不利于孩子的发展，反而阻碍了孩子的成长，因为这种学习是被动的，孩子体验不到学习的快乐，他们体验到的学习是一件痛苦的事情。机械地学习，孩子可能在小学低年级能占优势，等上了三年级，他们之间的距离渐渐拉开，三年级是拉开学习成绩的集中期，大多数孩子在幼儿园和家中灌输了加减法与拼音，上课时，孩子不会集中注意力去听讲，养成了注意力不集中的坏习惯，这已经被事实证明。三年级有了作文，有了段落分析，思考的东西多了，家长不可能再提供给孩子，这是孩子的分水岭，这不是靠灌输能得到的。

砺智文化说:“孩子的大脑不是一部等待填充的容器,而是一支期待点燃的火把!”砺智文化又说:“激发孩子的学习兴趣,远比教会有限的知识更有意义。”除孩子的人格培养外,兴趣与习惯才是需要引起我们关注的问题。孩子是否成才是与家长教育理念、教育方法、教育行为直接作用的结果——好的坏的都是。

我的感悟

要勇敢地对孩子说“不”

5岁的泽泽在我们班是有名的调皮鬼，时不时地抬手给小朋友一拳，或是给小朋友一脚。从泽泽的表情上看，做出拳打脚踢的动作好像挺自豪的，不像故意与小朋友打架，只是在模仿动画片奥特曼中人物的动作。但小朋友们不会这么想，只要受到攻击，免不了要告状。

如果对泽泽说服教育，效果肯定不好，泽泽不会意识到自身的问题，我只能从家长的身上入手，了解孩子在家的表现。下午离园时，泽泽爸爸来接他回家，泽泽见到爸爸，可以说比较兴奋，拳打脚踢地跑过来了。保育员赵老师俯身与泽泽说话时，泽泽抬脚就踢过来，幸亏赵老师躲得及时，否则鼻子就会挂彩。泽泽的爸爸对孩子的行为视而不见，不用问，我明白了孩子的问题所在。

父母都是爱孩子的，对孩子可以说疼爱有加，爱孩子没有错，但是也要有分寸。因为孩子年龄小，分辨是非的能力较差，这就需要父母的正确引导。特别是当孩子犯错的时候，孩子不知道自己错在哪里，应该怎么做，如果我们采取的一种方式是对孩子的行为不分青红皂白进行一顿批评，孩子对父母的训斥不知所云，因为爸爸、妈妈没有告诉他错在哪里，应该怎么做。另一种方式是对孩子的行为视而不见、听而不闻，就像刚才泽泽的爸爸所做出的反应一样，认为孩子小不懂事，等大了就好了。砺智文化说：“有效的教育是先严后松，无效的教育是先松后严。”如果家长不及时给予指出来，孩子永远都不知道自己做的是对还是错，这种“爱”就变质成了溺爱，溺爱对孩子的伤害可以说是永恒的，陪伴孩子一生，最后受伤害的是孩子。砺智文化又说：“溺爱是软刀子，戕害孩子。”

望子成龙、望女成凤是每个家长的美好心愿，当面对孩子的不良行为时，家长要舍得坚决地对孩子说“不”。说“不”并不代表不爱孩子，相反让孩子明白做任何事情都是有分寸的，都是有原则的。砺智文化说：“‘爱之深，责之切’——严格要求正是出于深切的爱。”

给孩子创造良好的家庭环境必须有一个学习的氛围、爱的氛围，这氛围

的产生必须由科学的家庭教育观念来引领。为了孩子的健康未来，学习砺智文化家庭教育势在必行，这是孩子发展的需要，也是自身提升的需要。

我的感悟

早期教育到底学什么

下午离园时，家长接到孩子后问的最多的一句话是："今天学了什么？"如果孩子能答得上来，还好；如果孩子暂时记不起来，家长就会埋怨道："天天上幼儿园也没有见孩子学到什么。"从家长的埋怨声中，我们知道家长喜欢显性的东西，喜欢看得见摸得着的东西。如果孩子在幼儿园会加减法运算，会写拼音，能认识几百个汉字，如果能再说几句英语再好不过了。家长急功近利的思想导致很多的幼儿园为了迎合家长，实行幼儿教育小学化，大量地灌输知识，不仅没有让孩子体验到学习的乐趣，反而导致孩子厌恶学习。砺智文化说："学习是孩子的本能，当快乐学习变成了机械教育，孩子也就开始厌学了。"

我们不免有这样的思考：早期教育到底学习什么呢？是不顾孩子的实际，给孩子报英语班、口才班、围棋班、笔速算等各种培训班？还是根据孩子成长的规律、根据孩子实际发展状况进行因材施教呢？

早期教育是不是就是单纯地开发孩子的智力？注重早期教育是一种好现象，如果将早期教育片面理解为书本知识的灌输，让孩子大量的机械记忆，这是对早期教育的误解。早期教育应该是很广泛的，培养孩子良好的品德，培养孩子良好的学习习惯、生活技能，激发孩子的学习兴趣，拓展孩子的思维为最要。砺智文化说："让孩子出类拔萃的不是过早地识字，而是游戏、游戏、再游戏！"游戏是孩子最喜爱的活动，游戏就是学前阶段幼儿的全部，在游戏的过程中孩子的各种能力，包括观察能力、交往能力、语言表达能力、操作能力、创新能力等都得到了锻炼和提高。砺智文化又说："对孩子来说，生活就是一所学校，一草一木都可以成为探索研究的对象。"五彩缤纷的世界深深地吸引着孩子的目光，孩子在探索周围的过程中，在各种游戏中学到的知识是任何书本知识也弥补不了的。如果将学习仅仅限定为对书本知识的学习，将目标锁定为考一所理想的大学，那么孩子会成为一个学习的机器。砺智文化又说："当孩子成了挣分的机器，家长成了挣钱的机器的时候，这个家也就没有温暖、没有人情味了。"将来的社会需要什么样的人才，不是看一个人的学习成绩有多好,不是看你掌握了多少书本知识,而是品德摆在第一位,必须有团队合作意识、必须有创新能力才能适应未来的发展。

将孩子从一个自然人培养成一个具有健全人格、良好性格的社会人,不是学习书本知识就能培养成的,它是教育的核心。总有人问:"我的孩子不好好学习,我的孩子不爱学习,我的孩子怎么这么不懂事的时候,你有什么好的办法?"还是一句话:"奉劝家长赶紧走进砺智文化,坚持不懈地努力学习现代家庭教育的理念,用新的科学的理念武装自己,才能正确地引导孩子,如果只想孩子改变,自己还是用陈旧的观念教育孩子,问题孩子会越来越多。"

让孩子出类拔萃的不是过早地识字,而是游戏、游戏、再游戏!

——砺智文化

我的感悟

你喜欢"听话"的孩子吗?

与家长交流时,很多家长反映:孩子太调皮,一点也不听话;孩子一点也不省心,从早到晚一刻不安宁。早上入园时很多的家长临走时对孩子说的一句话就是:"听话啊!"

"听话"似乎是评价孩子的一种标准,听话就是好孩子。我们为什么喜欢孩子听话?你可能会说:"听话的孩子带起来省心,听话的孩子讨人喜欢,听话的孩子安静,听话的孩子不惹事……"相反调皮捣蛋的孩子会给家长带来很多不必要的烦心事。

何谓"听话"?不乱跑乱跳,能按照家长的要求去做,不与其他小朋友打架,不给父母找事……从班级里孩子的表现来看,过于听话的孩子做事按部就班,成人要他做什么就做什么,没有自己的主见,人云亦云,亦步亦趋,喜欢按照成人的脸色行事,用老百姓的话说:"这样的孩子拨一拨转一转,不拨不动弹。"这样的孩子你喜欢吗?听话的孩子表面上是比较让人省心,家长和老师也喜欢看这样的孩子,但是从孩子的长远来看,这并不利于孩子的发展。

孩子的天性就是好奇,好玩,好动,好探索,好模仿。在探索的过程中,也许会闯祸,也许会遭遇失败,也许会成功,所有的一切对孩子的成长都是必经的过程,都是不断丰富孩子阅历的过程,即使失败了,对孩子来说也是一笔宝贵的经验。这样的孩子接受能力、创造能力较强,即使一个小木棍、一块小石子在他的手里也会玩上半天,也会玩出很多的花样来。这样的孩子爱打抱不平、很仗义、乐于助人、反应快、想象力丰富、接受新知比较快,能较快地融入环境中,一旦认真起来,做事就比较理想。比较听话的孩子即使面对一堆玩具也不会玩,更不会创新,表情木然、目光呆滞。由于受到的约束较多,活动范围相对较小,探索的经历比其他小朋友少很多,他们获得的直接经验没有活泼好动的孩子多。听话成了束缚孩子的紧箍咒,不但束缚了孩子的手脚,无形中也束缚了孩子的思想、行为、创造性和能动性,对孩子来说是多么的遗憾!你喜欢哪一种类型的孩子自有判断。砺智文化说:"孩子在幼儿期间，蕴藏着无限的可能性，需要父母加以挖掘和引导。”

砺智文化说：“任何的限制，都是从自己的内心开始的！”我们为什么喜欢孩子听话？就是想限制孩子的行为，不让孩子给我们带来麻烦，同时这样做的后果违背了孩子成长的规律，如果一味按照我们的要求来限制孩子，恐怕孩子就会长成一个木头人了。有一个游戏是“我是木头人”，内容是：我是一个木头人，一不许动、二不许笑、三不许露出大白牙……你希望自己的孩子是个木头人吗？

孩子太过于听话，不见得是一件好事。随着孩子年龄的增长，唯命是从的孩子最容易出现问题。小时候任何一个问题，大了都会导致更大的问题出现。孩子的学习特点是只听见易忘掉，见到的能记住，亲手做的才能理解，所以在一定规则的约束下，在孩子的人身安全有保证的前提下，让孩子尽情地动起来吧。允许孩子有自己的活动空间，允许孩子有“不听话”的时候，允许孩子有自己的主见，允许孩子有自己的选择，允许孩子与我们有不同的意见，允许孩子与我们有争论……这样一个鲜活的有个性的有主见的能担当的有能力的孩子才能健康成长起来，否则培养起来的只能是一个庸才。

家庭教育的最终目标是把孩子从一个自然人培养成一个具有健全人格和良好性格的社会人，不是培养只会“听话”什么都不做的人。教育孩子就要从孩子的角度出发，摒弃陈旧的教育观念，让不同的经历丰富他们的童年，让他们过一个有意义快乐的童年。

让我们永远记住：教育子女成人是父母的第一神圣职责！

孩子的行为感动着我

自从2011年10月31日砺智文化康健老师推出"每日背熟一句"活动后，我不仅自己坚持诵读，并且从2011年12月1日开始，我将"每日背熟一句"活动引入我班，带领孩子们诵读学习。当初我的想法很简单：将新的理念植入孩子的潜意识中，成为孩子长大后做人的行动指南，同时调动孩子学习的积极性，锻炼孩子的胆量与语言表达能力。

在诵读的过程中孩子们的积极性很高，记忆力惊人，掌握得特别娴熟，学习的过程中发生了很多有趣的事情，件件事情都深深触动了我的心灵，更加坚定了我带领孩子们继续诵读下去的决心和信心。

我班有叫扬扬和锴锴的两个小男孩，有一个共同的特点是他们都是被爷爷奶奶宠着长大的，自理能力比较差。锴锴每天早上由爷爷奶奶送入幼儿园，爷爷帮着脱棉袄，奶奶帮着换鞋子，两位老人忙得不亦乐乎。锴锴悠然自得享受着这种待遇，而其他很多的孩子自己脱衣服、叠衣服、换鞋子。终于有一天，锴锴对奶奶的包办用砺智良言发出了抗议："管得过多叫包办，管得过频叫唠叨，管得过细叫监控，管得过死叫霸道，奉劝家长快放手，健康成长乐悠悠！"锴锴的一番话将奶奶逗乐了，奶奶不但没有生气，还直夸孙子背诵得好，奶奶把这件事当笑话说给我听时，满脸还带着微笑。锴锴用我们学习的砺智良言给奶奶上了生动的一课。

在扬扬的身上发生了什么故事呢？元旦汇报演出时，扬扬的表现用妈妈的话说："当时我的脸是红一阵白一阵，我的眼泪都快流出来了，有一种想逃跑的感觉。"为什么扬扬的妈妈有这么激烈的反应？原因是在演出时，扬扬镇定自若像一个局外人一样，拒绝参加任何活动，妈妈怎么能受得了这样的刺激！回到家妈妈告诉奶奶不要包办太多，放手让孩子做自己的事情，又转身对扬扬说以后要好好表现，做事积极……扬扬对妈妈说："说别人想听的话，而不是说自己想说的话。"既然孩子都这样说了，妈妈就停止了对孩子的唠叨，说教在扬扬那里没有起到任何作用。我问扬扬为什么这么说妈妈，扬扬非常诚实地回答："妈妈批评我的时候我就说。"

以后孩子们陆陆续续给我报喜讯，他们脸上表现的那种自信和自豪让我欣喜，孩子们通过学习“每日背熟一句”，短短一个多月的时间，就发生这么大的变化，孩子们将知识活学活用是我始料未及的，并且运用得如此恰当自如，作为老师我都自叹不如。谁说孩子不爱学习？单单每天诵读一句砺智良言，效果就如此之好，不能不感叹孩子们的学习力是多么的强大！著名教育家陶行知说：“人人都说小孩小，小孩人小心不小；你若以为小孩小，你比小孩还要小。”

我为孩子们的行为感动的同时，还要向孩子们学习，学习他们的执着与认真，我会坚持不懈地带领孩子继续诵读下去，直到他们毕业的那一天。

隔代教养的利与弊

每天接送幼儿入园和离园的大都是祖辈，小区内照看孩子的也大多是祖辈，隔代教养已经成为我国普遍存在的现象。隔代教养，会出现各种各样的问题。

一次，在砺智文化家庭教育沙龙上，月月的妈妈很无奈地说："由于工作忙，平时接送孩子的都是奶奶。尤其是冬天，受条件的限制，与老人住在一起，奶奶会按照自己的方式教育孩子。如果我不同意她的观点，我们之间就会产生矛盾，我不想当着孩子的面争吵。现在月月挑食、做事拖拖拉拉，我很头疼，不知该怎么办。"

像月月妈妈这样的情况有很多，想用自己的观念教育孩子，但老人会出面加以阻拦，看到老人对孩子的溺爱，父母又束手无策。

任何事情我们都要一分为二地去分析，老人带孩子有值得借鉴的地方，也有与时代不合拍的地方。那么隔代教养有什么优缺点呢？

优点

1.时间充足

老人退休在家，时间比较充足，没有了工作的压力，加上与孙辈有割不断的血缘关系，所以乐于照看孙辈，也缓解了老年人的孤寂。

2. 有教子经验

老人有抚养孩子的经验，在生活上应该怎样照料、解决孩子出现的问题比年轻的父母有经验。

3. 有耐心

祖辈相对于父母来说对孩子比较宽容，对孩子更有耐心，不会强求孩子学这学那，在宽松的环境中容易与孩子建立深厚的感情。

缺点

1. 喜欢安静的环境

老人的年龄较大，喜静不喜动，而年幼的孩子活泼好动，有的老人行动不灵活，跟不上孩子的行动，会限制孩子活动，比较喜欢孩子安静。

2. 重养轻育

生活上老人注重孩子的吃喝拉撒，但在养育上有很多老人没有教育的意识或是力不从心。

3. 溺爱

老人疼孩子是有目共睹的，只要孩子有要求，不管对与错、不管是否合理，他们都会尽量满足，这容易让孩子养成任性、自由散漫的习惯。

4. 包办代替

老人担心孩子受委屈，担心照顾不周，尽量将孩子照顾得非常周到，久而久之，孩子的依赖性越来越强，自理能力、独立能力得不到锻炼。

说到这里，你可能要说了，难道不让老人照看了？问题没有绝对化的，要一分为二地看待。在照看孩子的问题上，老人在时间和精力上付出了很多，是很辛苦的。在教育孩子的问题上，年轻的父母需要和祖辈进行协商，对于孩子的生活起居，可以放心交给老人；对于孩子的教育，做父母的理应承担起来，不能做甩手掌柜。晚上孩子由老人带的，父母每周要抽时间与孩子交流、沟通、玩耍；条件允许的，晚上尽量将孩子接回家，由父母陪伴孩子。砺智文化说："陪伴是父母的第一天职，不可或缺！不可弥补!! 不可替代!!!"

隔代教育不是洪水猛兽，它有有利于孩子成长的一面，这就需要年轻的父母与老人做好协调工作，与祖辈各司其职、分工合作，既能让老人的优势发挥出来，也能帮助父母减轻负担，做父母的要积极承担起教育孩子的责任，共同将孩子教育好。

我的感悟

孩子最希望父母能做到的五件事

学习"孩子最希望父母能做到的五件事"感受颇多，现将自己的学习感受梳理一下。

1. 成绩考不好时，不骂我，而是在我身边帮我找出错的原因

考试是对孩子学习知识的检验，成绩并不能代表孩子的全部。考试成绩好只能说孩子掌握得好，学习方法得当，考得不好是孩子对知识没有掌握。当面对孩子的成绩时，我们是勃然大怒，还是静下心来帮助孩子分析原因？前者只能挫伤孩子的积极性，让孩子觉得自己一无是处、无地自容。后者会不断增强孩子的信心，给孩子指明学习方向，找到学习的不足，增强孩子学习的动力，你喜欢哪一种教育方式呢？

2. 不随便在别人面前说我不好、不乖

人前教子是最忌讳的，就好比是让所有的人知道孩子的缺点、不足，这样做的后果只能让孩子抬不起头，孩子觉得作为父母都不理解他，让孩子更加痛恨你。如果想真心与孩子交流，找一个恰当的时间和地点，与孩子平等地交换意见，取得孩子的信任，孩子会更加听从您的教诲，并达到了交流的目的。哪一种方式有利于孩子的成长，只有自己学习、思考、感悟。

3. 不要求我像谁一样学习，我有我的特点，不需要模仿别人

有的家长说，我为了教育孩子，阅读了大量的教育孩子的书籍，看到人家的教育方法非常受益，但是用在自己孩子身上怎么没有效果呢？砺智文化说："世界上没有两个相同的人，如同世界上没有两片相同的树叶。"因为每一个孩子都是不同的个体，将他人的教育方法生搬硬套用在自己孩子身上，他人的教育方法不一定适合自己的孩子，只有学习砺智文化家庭教育，通过不断的感悟，感悟出适合自己孩子的教育方法才有利于孩子的成长。有的家长喜欢比较，喜欢拿自己孩子的缺点与他人的孩子的优点比较，拿人家孩子的优点和自己孩子的缺点相比，有没有可比性？就像拿不会唱歌的人和歌唱家相比，不会写作的人和作家相比较一样，比出来的是孩子的自

卑、不自信、不求上进，同时比出家长的焦虑、不安、生气、恼怒。要知道你的孩子是独一无二的。我们要学会纵向比较，是用孩子的现在和过去相比，比一比哪一方面进步了，哪一方面停止不前，怎么样改进，这样我们才能有效地指导孩子，孩子呢，也乐意接受父母的建议。

4. 尊重我的看法，听完我的意见再说话

为什么我们长有两只眼睛、两只耳朵、一张嘴巴？就是要让我们多看、多听、少说。但是我们在与孩子交流沟通的时候，很多的家长喜欢盛气凌人、居高临下地教训孩子，将自己的意愿强加给孩子，想方设法让孩子服从。但是结果呢，孩子对你不是横眉冷对就是应付，更或者是摔门而去，不再听从你的教诲。当我们与孩子交流的时候，把时间交给孩子，耐心倾听孩子，教育孩子需要家长的教育理念，还需要家长的耐心。不管孩子说的是否正确，让孩子把话说完，并且在听的过程中要迎合孩子，听完孩子的诉说后，接纳孩子的好的或不好的情绪、言语，然后给孩子适当的建议，不要急于表达自己的看法，孩子对你的表现感激不尽。砺智文化告诉我们：高品质的沟通=倾听+理解+建议。不信试试看。

5. 在我面前不吵架、不撒谎

很多父母在孩子面前吵架，不管是为了教育孩子产生的分歧还是其他的原因，对孩子都是一种伤害。首先，父母吵架孩子内心是恐惧的，因为孩子不知道下一步父母要做什么。如果是因教育孩子产生分歧，孩子更容易钻空子，哪一方对孩子有利，孩子就站在哪一边。不仅问题没有得到解决，孩子还学会了察言观色，养成了见风使舵的坏习惯。

有的家长反映孩子爱撒谎，谁也不喜欢撒谎的孩子，但是孩子撒谎的背后是什么？考试成绩不好，有的孩子为了保护自己不被父母骂、被父母打，采取撒谎的方法；有的孩子被父母管制得太严格，为了达到自己的目的，不得不撒谎。

砺智文化说："把孩子教育成人才是家长最伟大的事业！"望子成龙、望女成凤是每一个家长的心愿，孩子希望父母做到的五点如果能确确实实地做到，自然就会成为孩子的好父母、好朋友。

我的感悟

不能让孩子用哭的方式达到自己的目的

场景一:贝贝在广场上玩了很久了,妈妈要贝贝回家吃饭,但是贝贝不肯回家,妈妈又允许贝贝玩了一会儿后贝贝还是不想回。看到妈妈态度坚决,贝贝开始哭起来,并且哭声很大,好像受了很大的委屈,妈妈没办法,只得让贝贝继续玩下去。贝贝达到了自己的目的,高兴地跑到小伙伴中去了。

场景二:盈盈和妈妈逛超市,盈盈的手里已经拿了好多的食品,可还吵着要果冻,妈妈不同意,盈盈跳着哭,盈盈的哭声吸引了很多人的目光,妈妈不停地哄着盈盈,可是盈盈并没有停下来的意思。妈妈无奈只得给盈盈挑选了几个果冻,盈盈这才破涕为笑。

这样的场景我们经常见到,这样的场景还会持续上演。

很多孩子为达到自己的目的有一个制胜的法宝,那就是用哭、打滚、跳高的方式要挟父母,往往最后胜利的是孩子。为什么这一招这么奏效呢?一则父母嫌吵,不管孩子的要求是否过分,为制止孩子的哭闹,会马上答应孩子;二则父母担心孩子受委屈,现在生活水平提高了,又大多是独生子女,在物质上都会尽量满足孩子的要求;三则很多的父母由于忙,无暇照顾孩子,为补偿孩子,就尽量满足孩子的要求,不管孩子的要求是否合理;四则有些父母是为了自己的面子,当着那么多人的面哭个没完,很丢脸,不就是区区几元钱嘛,再说也不差这点钱,于是答应了孩子的要求。

孩子是会察言观色的,抓住了父母不舍得让自己哭、舍不得让自己受委屈的软肋,以后有要求时会不断地使用这个撒手锏——哭闹,达到自己的目的。这样的场景会愈演愈烈。

我国著名的现代教育家陈鹤琴先生在他的《家庭教育》一书中写道:“小孩子以哭来要挟的时候,做父母的应当绝对地拒绝他。可以允许的,就允许他;如不可以的,那就应当毅然拒绝他。如果不论可否一听见小孩子哭,就立刻去应许他,那他以后就要以哭为惯技了。”

不管孩子的要求是否合理,应该让孩子明白一个道理,哭闹不是解决问题的唯一办法,即使要求合理,如果用哭的方式想达到自己的要求,父母也

不应该满足他。孩子看到用"哭"的方式达不到自己目的的时候,以后也就不会再使用这种方式了。砺智文化说:"家长合格,孩子优秀;家长优秀,孩子卓越。"在引导孩子方面,你是个优秀的家长吗?

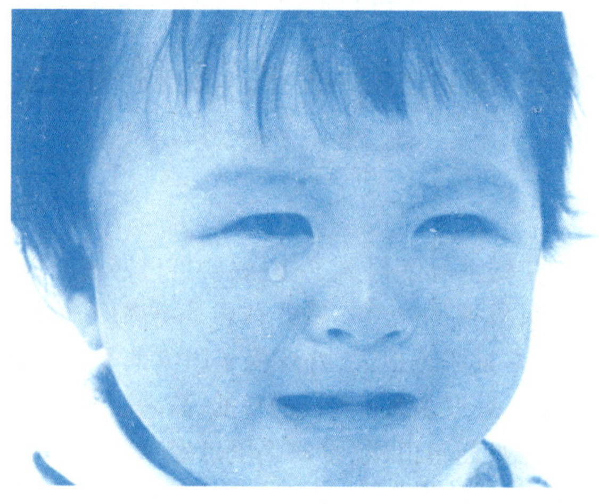

我的感悟

妞妞为什么喜欢扔手机

妞妞1岁了,她9个多月时就会走路,语言能力也发展得很好,这是让妞妞爸爸一直引以为豪的事情。但是,最近有一件事却让爸爸头疼不已,那就是妞妞喜欢扔东西,并且喜欢扔手机。不管是爸爸的、妈妈的、奶奶的、爷爷的,只要抓在手里,手机的命运就是被扔出去。爸爸不解,问我:"为什么?"

相信很多的父母都有妞妞爸爸这样的疑问,不管孩子手里拿的是手机、玩具、皮球……只要手里有东西,就会不停地扔出去。成人将其捡回来后,交给他,孩子继续重复刚才扔的动作,并且笑声不断、乐此不疲。这是孩子的一种游戏,这个连续重复的动作多半发生在9个月以后的婴幼儿身上,看似简单的一个动作,对幼儿的发展非常重要。家长不要阻止,应尽可能地满足孩子,给孩子提供材质不同、重量不同的物体让孩子扔,这是孩子探索周围环境的最初游戏。通过扔这个动作,孩子会有很多的体验:不同的物体扔出去后落地的声音是不同的,远近是不同的,快慢是不同的……从而孩子会有各种不同的体验,这是孩子与成人交往互动的一种形式,通过扔这种形式让孩了感受到与亲人之间交往互动带来的快乐。

砺智文化说:"孩子就像一本书,一年是一章,一天是一页——我们读懂了吗?"孩子的世界就是这样奇妙无穷,作为父母,孩子的第一任老师,肩负着多么重大的责任啊。想彻底了解孩子,了解孩子每一个行为背后的原因,确实需要下一番功夫。砺智文化说:"孩子在幼儿期间,蕴藏着无限的可能性,需要父母加以挖掘和引导。"如果遇到教育孩子的问题,就表现得焦虑、不安,甚至阻止孩子的行为,孩子的能力何时发展?何时得到锻炼?孩子的探索欲望有可能在我们的阻止中消失,学习的积极性在我们的无知中被扼杀。砺智文化又说:"家庭教育最大的智慧就是提高教育的预见性和主动性,加深孩子的体会和感悟。"教育的预见性和主动性不是凭空而来的,需要父母有发展的眼光,有强烈改变自己观念的教育意识,有强烈想将孩子教育成功的意识。有的家长认为学习是孩子的事情,自己学习不学习无关紧要。砺智文化告诫我们:培养不出优秀的人才,是因为采用了不优秀的教育理念

和教育方法;培养出了平庸的人,是因为被平庸的人培养的必然结果。哪一个父母都想掌握教育孩子的金钥匙,金钥匙就掌握在自己的手中——那就是只有跟随砺智文化团队一起学习、一起提升,才能找到教育孩子的金钥匙,才能将孩子培养成优秀的人才。

我的感悟

让孩子在赞美声中成长

在砺智文化家庭教育沙龙的“自我介绍”环节，有一位爸爸坚定地说：“我的孩子没有优点，浑身上下都是缺点。”我当即对他说：“每个孩子都有优点，如果我们的注意力只盯在孩子的缺点上，越关注缺点越多，越制止缺点越难改。”

1973年，美国的一家心理研究所进行过一个实验，8位心理学教授和学者，分别到两家相隔很远的医院，都声称自己“幻听”严重，结果无一例外地被当作精神分裂症关进了医院。住院之后，他们的正常表现被医生看成反常行为：写作被视为“写作行为”，按时作息被视为“嗜睡行为”，发脾气被视为“癫狂行为”，要求出院被视为“妄想行为”。这个“假病人真医生”的实验说明了：“病人”根本没有问题，有问题的是医生。在我们的家庭教育中，有这种问题的“医生”（家长）大有人在。在很多的家长眼里，孩子浑身上下都是缺点，怎么看怎么不顺眼：拖拖拉拉，注意力不集中，挑食，调皮，不听话，学习不认真……就像医院的医生一样将孩子的成长行为看作非正常行为，然后加以指责、批评、督促、提醒，只要是能用得上的招全部运用上了，恨不得将孩子身上的“缺点”全部改掉，马上改掉。结果呢，孩了身上的缺点不但没有减少或改正，反而问题越来越多，越来越严重了。

北京师范大学的陈建翔博士说过：“教育与医生有根本的不同，它是要盯住孩子身上的‘亮点’‘优点’，使之发扬光大。”教育更需要鼓励、表扬；哪怕孩子身上的“亮点”“优点”还很小，很微弱，只有针尖那么大，也要大张声势，让它成为明天的现实。砺智良言中有大量关于赞赏孩子的家庭教育名言，例如：赞美、信任和期待具有一种正向能量，它能改变人的行为。赏识使孩子成功，抱怨使孩子失败。孩子都想得到尊重、赏识、掌声和认可，你给了吗？“三多三不”原则：多表扬、多鼓励、多赞美；不抱怨、不批评、不指责！认真揣摩、好好领会，其中的含义让我们反省，从砺智良言中我们都能深刻地体会到教育孩子需要正向能量，需要鼓励、赞美和赏识。平时教育孩子的过程中，我们做到了吗？我们是孩子最亲密的人，我们与孩子接触的时间最长，对孩子的教育可以说无时不在、无处不在，说教成了我们教育孩子的主要手段，逮着孩子的缺点是早上说、晚上说，好像不数落我们就没有尽到义务一样，好像不数落孩子，他就不会改正一样。但事实是，家长越说孩子越反感。不是说不对孩子说教，说教是有技巧的，面对孩子一身的毛病，我们可以忽略不计，专门找到孩子的优点，就像砺智良言说的那样，用赞赏的语气、鼓励的语气将孩子的优点放大，正向的语言，孩子都能接收到，孩子从我们的身上得到了无穷的力量，那孩子的缺点还有存在的余地吗？孩子能不上进、能不刻苦、能不努力吗？

让我们的孩子在赞美声中、在爱的氛围中、在积极向上的家庭环境中健康成长吧！不管孩子身上存在着什么样的问题，都要用发展的眼光来看待孩子。砺智文化说："所有孩子的问题都是发展中的问题，现在的问题不是未来的问题。"想想的确是这样！

让孩子养成好好吃饭的好习惯

在开展沙龙的时候，很多妈妈提到了孩子吃饭难的问题，孩子的吃饭成了家长无法解决的难题，孩子如何能好好地吃一顿饭成了家长的奢望。砺智文化说："任何一个问题孩子的背后，都能在家长的身上找到根源。"想一想，当孩子第一次有需求想自己吃饭时，我们给孩子吃饭的机会了吗？当孩子吃得地上、身上都是米粒时，我们指责孩子了吗？是否因为担心孩子吃不饱，主动承担起喂孩子的任务了呢？种种问题的背后，让我们造成了今天孩子吃饭难的现状。由于没有很好地把握良机，孩子一次次失去了锻炼的机会，以后想让孩子主动吃饭就比较困难了。

孩子吃饭是有规矩的：一家人坐在一起其乐融融地吃饭，如果不吃就要请孩子离开座位。距离下一顿饭时不能给孩子提供任何食物，这样做的目的就是让孩子明白：吃饭时就要好好吃饭，如果不吃就要自己承担不吃的后果。但是往往是家长狠不下心来，担心孩子不会吃，担心孩子吃不好，为了让孩子多吃一口，家长们是变着法儿地哄孩子吃饭：看着电视吃、玩着积木吃、追着吃、讲着故事吃、训斥着吃……只要是家长能想到的法儿都想到了，可谓用心良苦。但是结果怎么样呢？孩子该不吃时还是不吃，并没有达到家长预期的效果，孩子吃饭的习惯没有养成反而增添了很多的坏习惯。

美国心理学家威廉·詹姆斯说："播下一个行动，收获一种习惯；播下一个习惯，收获一种性格；播下一种性格，收获一种命运。"砺智文化说："好习惯成就一生，坏习惯毁人前程！"好的习惯是一个人学习、生活、工作成功的根本保证，坏的习惯却足以毁掉一个具有很好潜质的人的一生。就像培养孩子良好吃饭的习惯，不要因为想让孩子多吃点，随便剥夺了孩子吃饭的权利，让孩子养成一个被动吃饭的坏习惯。轻易养成的一个坏习惯，想要纠正，想要培养一个好习惯，需要用好习惯置换坏习惯，你会发现，纠正一个坏习惯需要付出两倍甚至是三倍的精力，也未必能达到从一开始就养成好习惯的效果。

如果真的爱孩子，就将吃饭的权利还给孩子吧，让孩子养成良好的吃饭

习惯，让孩子去承担属于自己本该承担的责任。

我的感悟

让孩子体验成功的喜悦

“你什么都不用做，只要好好学习就行了！”“放下，不用你刷碗，你会打碎的。”“你不会接水，会烫着的。”“不用你扫地，越扫越脏。”……这样的话你熟悉吗？我们的父母是爱孩子的，由于“爱”，将孩子的手脚束缚起来；由于“爱”，孩子遇事缩手缩脚；由于“爱”，孩子做事没有主动性；由于“爱”，孩子没有了责任心，也没有了学习兴趣……

孩子喜欢玩玩具、做游戏、做手工，但很多的父母认为孩子玩这些东西纯粹是浪费时间，不如多看点书、多认识几个字、多做几道题来得实惠，可以说家长忘了一个根本的问题：这些活动是孩子最喜欢的，这才是孩子需要学习的内容。在这些活动中孩子学会了与人交往，培养了孩子的观察能力和口语表达能力，培养了孩子的责任心、做事的主动性，开发了孩子的智力，锻炼了孩子小手肌肉群的灵活性，为孩子将来学习做人、做事打下良好的基础。孩子在玩的过程中专心致志，精力高度集中，孩子通过一定的努力体验到的是成功，体验到的是快乐，品尝到的是胜利的喜悦。所以当孩子跃跃欲试想帮妈妈洗碗时，不要嫌麻烦，或是怕他打碎碗而拒绝他，不妨为他搬个高度适中的凳子，为他戴上围裙、套袖，告诉孩子正确刷碗的方法，当孩子洗好一只碗时，要大声称赞他做得好，孩子会很快乐，并对自己的能力充满自信！这就是孩子的学习，当我们给孩子一个拥抱、一个亲吻、一个赞许的微笑时，孩子还给我们的是更大的努力、更灿烂的微笑、更好的成果。你说，亲子之间这种温馨的场面谁不喜欢呢？亲子之间的关系能不融洽吗？

周围的一切对年幼的孩子来说都具有很大的吸引力，孩子会充满好奇地去对未知的世界探个究竟，这种探索就是学习的过程，就是积累经验增长见识的过程，比单纯的知识灌输强百倍，对孩子灌输得越多伤害越大。砺智文化说：“孩子的大脑不是一部等待填充的容器，而是一支期待点燃的火把！”

我们放手让孩子去探索吧，抛开种种的条条框框，给孩子一个自由的空间，在奥妙无穷的实践里让孩子自由地寻找问题的答案，在不断的体验中感

受到成功的喜悦，一次次成功的体验能让孩子信心百倍、动力十足地汲取更多的营养。

我的感悟

问题孩子是谁制造的

孩子从小喜欢做事，吃饭时会用小手抢妈妈手中的筷子、小勺，你给孩子提供机会了吗？饭后，孩子喜欢帮助父母收拾碗筷、洗碗，你以孩子还小为由拒绝孩子了吗？孩子喜欢自己穿衣服，你因为孩子穿得慢，便手脚麻利地一次次帮助了孩子，孩子有机会锻炼了吗？孩子与小朋友发生了争执，你教会孩子如何解决小朋友之间的冲突了吗？……在孩子成长的道路上，你可能认为这是小题大做，认为孩子小，理所当然地需要父母全方位的照顾，需要父母的细心呵护。但是随着孩子年龄的增长，孩子出现了问题，我们又会经常把"责备"当教育，经常把问题的矛头指向孩子，孩子因为不会吃饭，而遭到了你的批评，孩子不会主动做事受到了你的责备，孩子因不会处理同伴关系，你骂孩子窝囊，孩子的种种问题是谁造成的呢？就是我们家长自己，由于自己错误的家庭教育观念造成了孩子的问题层出不穷，由于不懂得如何教育孩子，致使孩子出现了很多的问题。

孩子在成长的过程中，不可能是一帆风顺的，肯定会出现这样或那样的问题。砺智文化说："孩子是必须要犯错误的，每个年龄段都要允许他犯那个年龄段的错误，如果不犯错误，就失去了通过犯错的经验去学习、应对和成长的机会。"孩子犯错不可怕，因为孩子就是在错误中不断成长的，错误对孩子来说是一笔很宝贵的成长经验。当孩子出现错误时，家长首先要反思自己，审视自己的教育哪里出现了问题。不要将矛头对准孩子，将错误全部推给孩子，我们要明白问题孩子源于问题家长，孩子身上的所有问题都能在家长的身上找到根源，孩子是家长教育理念、教育方法、教育行为直接作用的结果。孩子有问题，该吃药的是我们，需要改变的是我们。但是我们只想孩子改变，只想孩子尽快变好，而自己还是用陈旧的落后观念教育孩子，即使孩子想改变，也不知应该怎么改变。因为孩子从我们的身上吸收不到积极向上的能力，没有可让孩子足以改变的空间，没有让孩子可以改变的理由和动力，孩子的周围充斥着责备、埋怨、白眼甚至是拳头，孩子能改变吗？会变好吗？如果意识到这是自己的问题，也知道如果继续用错误的方法教育

孩子,将来孩子的问题会越来越多,但是如果想把孩子所有的问题马上改掉,是不现实的。

那么应该怎么办?

砺智文化说:“家庭教育的任务,首先是父母教育、父母学习。”为了孩子的未来,为了我们的家庭,我们要不断接受新的家庭教育理念,跟上孩子成长的脚步,在孩子成长的不同阶段不断调整自己的教育方法,给孩子创造有利于成长的良好的家庭环境,孩子才会健康成长,孩子才会幸福,家庭才会和睦。

我的感悟 ……………………………………………………………………

……………………………………………………………………………………

……………………………………………………………………………………

……………………………………………………………………………………

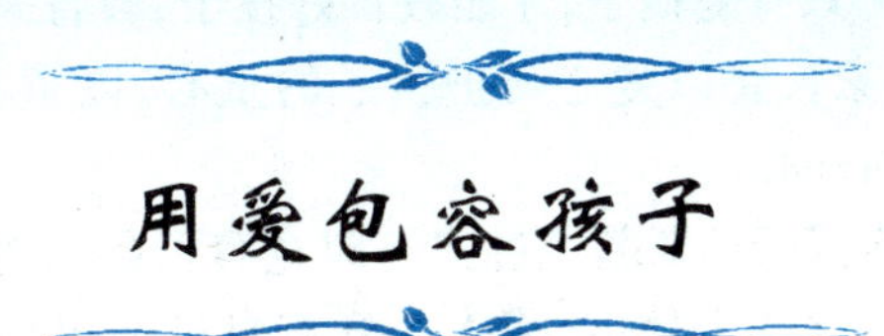

用爱包容孩子

涵涵在与小朋友玩积木时发生了争执并动手打了对方，小朋友哭着来告状。明明在与小朋友玩得高兴时将对方推倒了，明明的举动引起了其他小朋友的抗议。小朋友之间的战争每天都会发生，每天都在上演。在孩子成长的过程中，犯错误是难免的，每一个孩子都是在不断犯错中成长的 。就像砺智文化说的：孩子是必须要犯错误的，每个年龄段都要允许他犯那个年龄段的错误；如果不犯错误，就失去了通过犯错的经验去学习、应对和成长的机会。当孩子犯错时，重要的是作为老师、父母用什么样的态度对待孩子。砺智文化说："家长的贫富和学历、职业和地位都不重要，重要的是家长对孩子秉持的态度和眼光。"

当孩子尿了床，正用恐惧的眼神望着你时，你是对孩子一顿责骂还是细致入微地给孩子换好衣服像什么都没有发生一样？惊恐中的孩子需要你的关爱，需要你细心地照顾他们，孩子会对你的行为感激不尽，从心里更加亲近你。

当孩子吃饭时不小心洒了饭，不要大声训斥，悄悄地将洒的饭菜收拾干净，重新给孩子盛一碗，孩子会更加珍惜。

当孩子发生争执时，不要粗暴地拉开孩子，不分青红皂白地进行数落，将问题交给孩子，让孩子自己解决问题，相信孩子会做得很好。

上课时孩子开小差，不要用"笨""什么都不会"训斥孩子，或许孩子正翱翔在自己的世界中呢。

当孩子的考试成绩不理想时，不要与孩子以后的前途挂起钩来，而要给孩子分析出错的原因及如何学习对孩子的成长更有利。

当孩子已经完成作业，允许孩子自由支配自己的时间，不要额外布置孩子永远做不完的作业。

当孩子想和同学外出时，请放松手中紧攥的风筝线，不要因为不放心，将孩子死死拴在身边。

…………

以上种种行为都显示着父母对孩子润物细无声的爱，父母包容的爱通过你的眼神、表情、语气、肢体语言传递给孩子，让孩子接受到来自父母的爱。砺智文化说："只有爱孩子，才能教育好孩子，教育是从爱开始的。"砺智文化又告诉我们：家长要以爱心呵护孩子的童心，以童心换取孩子的真心，以真心赢取孩子的开心。

著名教育家苏霍姆林斯基说过："有时宽容引起的道德震动比惩罚更强烈。"孩子是一个独立的个体，和成人一样有自己的思想、有自己的观察、有自己的见解。对成长中的孩子要用一颗包容的心对待他们，孩子一定会积极、乐观地健康成长。

孩子是真的自私吗

涵涵是个三岁的小女孩，活泼可爱，在小朋友中很有人缘。有一次，爸爸说："涵涵太自私了，她的好朋友到家里玩，涵涵都不舍得将自己喜欢的玩具拿出来。"问问涵涵的爸爸："涵涵是真的自私吗？"

在区角活动时经常能目睹这样的情景：两个孩子为了同一件玩具争得面红耳赤，互不相让，自己抢到手后方才罢休；有的孩子将玩具紧紧地搂在怀里，说这都是我的，显而易见是不让他人动已经到手的玩具。

当孩子不能与人分享时父母会感到难堪，心想："我们都不这样啊，怎么孩子这么自私？"并不断地提醒孩子，把自己的东西拿出来与他人分享。著名儿童教育家孙瑞雪说："在生命什么都没有的情况下，就让他分享，这是个错误的想法，先让他拥有，然后他再学会分享，这跟自私没有什么关系，孩子有权利分享他的东西，他可以分享也可以不分享是没有错误的，选择权在儿童，父母不应该以自己的道德观来判断孩子。"在儿童的世界中，孩子认为东西是自己的，为什么要给他人？学龄前的幼儿常常以自己的需要和兴趣为中心，多是从自己的角度出发考虑问题，较少关心他人，这是由孩子的心理发展特点决定的，幼儿的这些行为是自我为中心的外在表现，和自私是不沾边的，这和一般意义上的自私有根本的区别。当孩子成长到五岁左右的时候，孩子的发展会发生一个质的变化，那就是乐意与同伴分享，因为这个年龄段的孩子认识到通过分享可以得到快乐，并且通过分享可以得到其他小朋友的玩具和食物，交换带来了快乐。

这个时候，如果孩子还不知道分享，作为父母和老师就要及时引导，给孩子创造分享的机会。比如生日会上，邀请其他小朋友到家里做客，或是将蛋糕和其他礼物带到幼儿园，让其他的幼儿和孩子一起度过一个有意义的生日，让孩子给小朋友分发蛋糕、水果等，并让孩子讲一讲分享带来的感受；还可以让孩子分享自己的所见所闻，讲一讲自己的绘画作品、在幼儿园发生的有趣的事情……通过分享让孩子体验到分享的快乐，在分享的过程中不仅锻炼了孩子的口语表达能力，还增强了孩子的观察力、逻辑思维能力、交往能力。

砺智文化告诉我们：几岁的孩子几岁的家长，父母应该是孩子的人生导师、知心朋友。只有把自己当孩子，才能真正理解孩子，才不会给孩子乱贴标签。

我的感悟

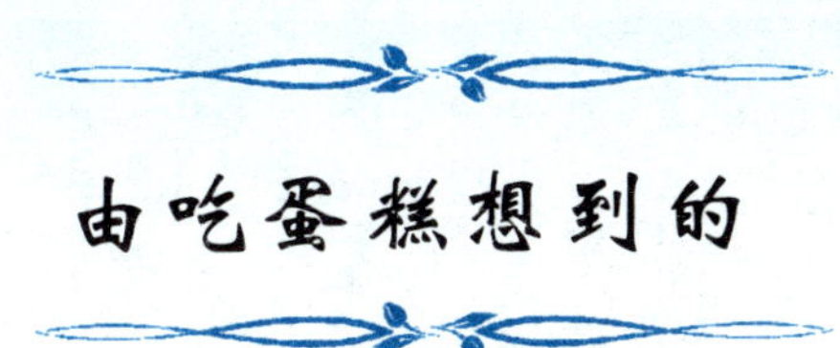

由吃蛋糕想到的

周五下午的加餐是法式小蛋糕，由于柔软、易嚼，孩子们非常喜欢。将小蛋糕发给孩子们后，孩子们的表现各不相同：有的孩子拿在手里翻来覆去地欣赏起来；有的孩子很快地撕开，香甜地吃起来了。其中有三个小男孩手拿蛋糕不知如何是好。

这是被祖父母、父母包办过多的孩子，由于没有经验、由于小肌肉群得不到锻炼，小手没有力量足以打开小蛋糕，我认真地观察着他们。其中一个在努力地撕扯着，费了九牛二虎之力终于打开了蛋糕，由于用力过猛，蛋糕滚落在地上，孩子看看我，我示意他另取一个，孩子照办了。再看另外两个小男孩，他们向我投来无奈和求助的目光。可怜的孩子，责怪是没有用的，孩子无能能怪孩子吗？要怪就怪家长，现在只得手把手地教给他们打开的方法了。

被包办过多的孩子，不仅仅在这一方面是被动的，在其他的方面，如交往能力、认知能力、做事的主动性等方面也都是被动的，包办过多不仅束缚了孩子的手脚，而且束缚了孩子的思想，阻碍了孩子认知能力的发展。

在早期教育中很多家长只注重对孩子智力的开发，提前灌输书本知识成了家长最要紧的事情，将孩子生活技能的培养忽略了。砺智文化说："孩子的大脑不是一部等待填充的容器，而是一支期待点燃的火把！"在学龄前阶段，早期教育的内容是丰富多彩的，智力开发仅仅是一个方面。早教专家冯国强认为，早期教育有五个最基本的内容，它们分别是：运动能力的发展、动手操作能力的发展、语言能力的发展、人际交往能力的发展、认知和思维能力的发展。从五个方面看，认知只是占到其中的一种。

砺智文化说："家长无知的爱是对孩子最大的伤害！"我们不能只着眼于眼前，我们要有长远的眼光，那就是我们有责任和义务将孩子教育成人才。儿童著名教育家陈鹤琴先生在他提出的 17 条活教育原则中，其中有 3 条是这样写的：凡是儿童自己能够做的，应当让他自己做；凡是儿童自己能够想的，应当让他自己想；你要儿童怎样做，就应当教儿童怎样学。

为了孩子的美好未来，让我们将孩子的手脚解放出来吧，让孩子做力所能及的事情，是对孩子最负责任的教育。

我的感悟

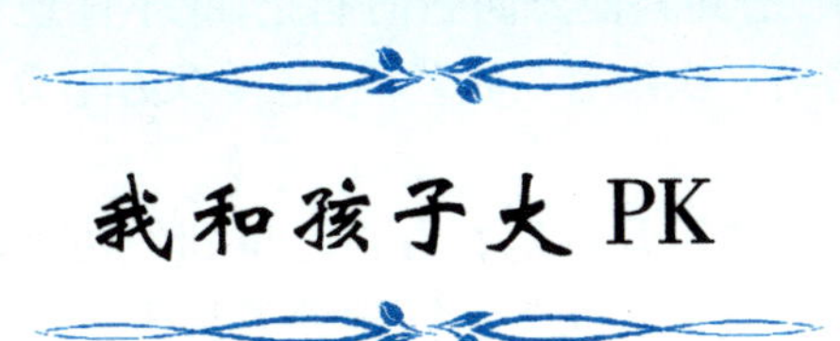

我和孩子大 PK

自从康老师率先推出“每天背熟一句”活动以来，受到了所有砺智文化亲人和很多家长的热爱和追捧，自此以后每天早上学习砺智良言成了我们的期盼，成了早上的一道风景线。

“每天背熟一句”积极向上，激励人奋进，读起来朗朗上口，每天用最大的声音、最长的一口气、最流畅的语言诵读100遍，将这些理念深深植入我们的潜意识中，用来支配我们的行为。

从2011年12月1日起，我所在的大班开展了“每日背熟一句”活动，目的是想锻炼孩子的口语表达能力、锻炼孩子的胆量、增强孩子的记忆力，孩子熟记砺智良言后，将来会在自己的人生中支配自己的行为，做到不偏离人生的方向。

我班虽然是大班，但是孩子的年龄普遍较小，有的刚刚五岁，有的还不到。在学习的过程中，难免出现厌倦情绪。为激励孩子们的学习积极性，我采用了竖大拇指和发小贴画的激励形式。有的孩子情绪高涨，得到大拇指和小贴画后不停地向小伙伴炫耀，从而感染并带动其他孩子学习的积极性。

为展示孩子的学习成果，从2月10日开始，我与孩子们展开了PK大赛。考虑到孩子的注意力等问题，我们就背诵前30句。孩子们选择了单数，双数自然是我的了，在PK的过程中，双方失误较多，并约定2月14日再进行一次。2月14日这天，我们采取了两种形式，一是我和孩子们之间展开PK，二是男孩和女孩之间展开PK。在比赛中我采用孩子喜欢的比较直观的表扬方式：小贴画，在比赛的过程中，看看谁得到的小贴画最多。

首先进行的第一项是我和孩子们PK，孩子们选择双数，我是单数。在比赛的过程中我一边将小贴画粘在孩子的手背上、额头上、衣服上，一边背诵，一不留神将第27句背成了第37句，孩子们就开始喊：“王老师你背错了。”我只能认输！这一轮孩子们赢了，用时6分钟。

稍作休息，展开第二轮的比赛。需要说明的是今天入园的幼儿是27名，女孩11名全勤，如果男女双方比赛，在人数上女孩明显不占优势，但是女孩的语言表达能力强，个个能以一当十。女孩优先选择了双数，男孩背诵单数。比赛开始，双方都不甘落后，争先恐后地背诵，有的小男孩背着背着就跑到女方一边去了，遭到其他男同胞的制止，我不停地给孩子们发小贴画，比赛过程中双方各有一次没有及时背诵，这样双方不分胜负打成平手，用时7分钟。

比赛过后孩子们迫不及待地查看自己得到的贴画数量，其中最多的是浩浩，得到6个贴画，最少的也有3个，个个喜形于色。两次比赛中值得表扬的是浩浩，这是个有名的调皮大王，但在此次比赛中浩浩一改往日不服管教的模样，自始至终全身心地投入，注意力高度集中，得到的小贴画最多也是自然的了。

虽然比赛只是一个形式，但是孩子们的表现让我感动：感动于孩子们的积极投入，感动于孩子们的好学，感动于孩子们超强的记忆力。

我们的学习还要继续，我们的比赛还要继续……

我的感悟

朝自己期望的方向夸奖孩子

没有哪一个父母不爱自己的孩子，也没有谁生了孩子自然而然就会教育孩子，大部分的父母大都没有经过任何培训就匆忙上岗了，凭借已有的经验和从父辈那里传承的经验自以为是地教育，存在的教育问题肯定很多，问题孩子自然越来越多。

孩子出现了问题，家长最着急，很多的父母有这样或那样的无奈。父母对孩子给予了很大的期望，然而孩子好像故意与父母作对似的，"你越让我做的事情，我越不做，看你拿我怎么样"。当孩子出现问题的时候，我们大多把注意力集中在孩子的问题上，天天盯着孩子的缺点和不足进行批评、打骂、唠叨，这是我们最常用的教育方法，这些方法不仅对孩子精神上造成很大的伤害，同时孩子的自尊心、自信心也在责骂、唠叨中渐渐消掉了，最根本的问题却依然存在。行有不得，反求诸己，孩子有问题，说明"我"的教育有问题，孩子表现得不够好，说明"我"的教育方法不够好，"我"才是引发一切的根源。要想让孩子改变，"我"首先要改变。砺智文化说："家庭教育的任务，首先是父母教育，父母学习。"家庭教育应当由"经验教育人向科学教育人转变"。父母只有稍稍做出改变，一切问题就会迎刃而解。

俗话说"良言一句三冬暖"，将对孩子的批评转化为鼓励赞赏的话，效果会大不一样。砺智文化告诉我们：好孩子是"夸"出来的，坏孩子是"逼"出来的！对待自己的孩子，需要换双眼睛，换一双善于发现孩子优点的眼睛，孩子的缺点可以忽略不计，用优点置换缺点，朝着自己期望的方向夸奖孩子，孩子就会越来越优秀，越看越喜欢。砺智文化告诉我们：多看别人的长处，多念别人的好处，包容别人的缺点，原谅别人的失误。

为了孩子，让我们携手走进砺智文化，通过系统地学习砺智文化家庭教育，我们自己不仅会发生质的变化，而且孩子也会发生翻天覆地的变化，通过学习让自己对未来充满信心，对孩子的未来充满信心！

我的感悟

孩子的快乐是什么

孩子是父母的最爱，是父母的心肝宝贝，为了给孩子创造良好的环境，父母们可谓煞费苦心：给孩子吃最好的，穿最好的，上最好的幼儿园，最好的小学、中学。

用家长的话说："作为家长，我们已经尽力了。"家长尽力为孩子所做的一切是孩子需要的吗？所有好的东西都给了孩子，孩子快乐吗？

读到一绘本故事《快乐是什么》，整个内容通过小老鼠与鼠妈妈之间围绕"快乐"一问一答的形式，让我们感受到母子间充满爱和温情的快乐。温馨的画面、优美的语言能打动每一个阅读人的心，让我们来看看小老鼠的快乐是什么？

"快乐是什么？"小老鼠伸着懒腰走出家门，回过头问(妈妈)。

"快乐就是在春天的早晨一打开门，头顶便哗啦啦落下来一阵樱花雨。"鼠妈妈回答。

"快乐是什么？"小老鼠不小心滑倒了，抱着肚子笑。

"快乐就是在蓝色风铃草中滑下山坡，一次又一次。"

"快乐是什么？"小老鼠紧紧抱住鼠妈妈，无限开心地问。

"快乐就是荡着秋千，像鸟儿一样飞进高高的云端。"

"快乐是什么？"小老鼠骑着自行车，追得大母鸡满院跑。

"快乐就是看你开心地玩儿，吸着鼻涕舔棒棒糖。"

"快乐是什么？"小老鼠舔着手指，摸着西瓜一样圆的小肚肚问。

"快乐就是在飘雪的冬夜，家里暖烘烘的，有香喷喷的青豆汤喝。"

"快乐是什么？"小老鼠把头靠在鼠妈妈的身上问。

"快乐就是静静地看海，静静地看夕阳，静静地和你在一起。"

小老鼠的快乐就是这么简单，在妈妈的陪伴下走出家门，滑滑梯、荡秋千、骑自行车、吃零食、依偎在妈妈的怀里享受着来自妈妈的爱。

孩子的快乐也和小老鼠的快乐一样简单：

慧慧的快乐是：爸爸能送我上幼儿园，我就很快乐；

涵涵的快乐是:妈妈说话算数,我就很快乐;
飞飞的快乐是:妈妈能陪陪我,我就很快乐;
明明的快乐是:妈妈带我逛公园,我就很快乐;
乐乐的快乐是:妈妈第一个来接我,我就很快乐;
浩浩的快乐是:下雨天,我和妈妈打着雨伞出去玩,我就很快乐;
…………

亲爱的家长朋友,听到孩子的呼唤了吗?孩子的快乐就是这样简单,他们不需要多么昂贵的玩具,不需要多么奢侈的学习环境,父母能陪着荡荡秋千就很快乐,能陪着逛逛公园就很快乐,哪怕在雨中散散步就很快乐,只要父母能陪伴在身边就已经快乐无比了……

砺智文化告诉我们:爱我你就陪陪我,爱我你就抱抱我,爱我你就夸夸我,爱我你就亲亲我。——根本不用花钱,用心就能做到。父母的一个微笑、一个大拇指、一个拥抱、一句肯定都会让孩子快乐无比!

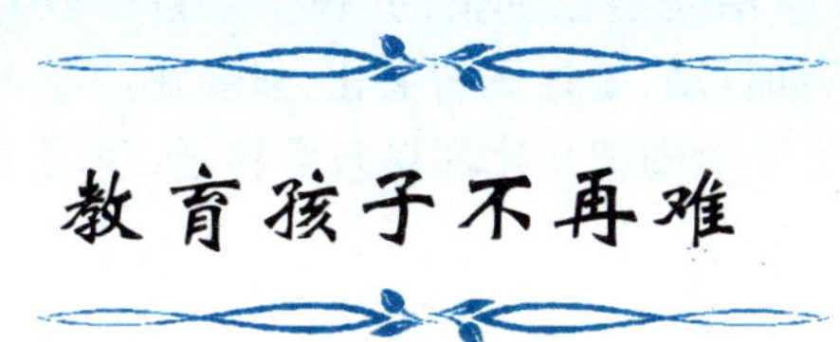

教育孩子不再难

昨晚有一个家长问我:“你是从事家庭教育的,以后有问题可以随时向你咨询吗?”

等有问题了再去咨询解决孩子身上存在的问题,这类家长不在少数。这种类型的家长是属于想让孩子改变,自己不想改变的一类;想让孩子学习,自己不想学习,从没有意识到孩子身上存在的问题是家长问题的投射,从没有意识到自己改变孩子才能改变。

很多家长喜欢要方法,等孩子的问题出现了,希望专家给开一服良药就能治好孩子身上存在的问题。我们都知道教育无定法,家庭教育没有放之四海而皆准的方法,如果教育方法能复制,那么我们做父母也就不会感觉教育的困惑,体验到的应该全是快乐了。有的家长说:“家庭教育我也学习了,但是就是不会运用。”当问到学习后你是怎么做的?家长振振有词地说:“我就是按照书上说的去做的。”砺智文化告诉我们:有知识不会运用,如同耕耘而不播种。社会上流行着很多教子成功的方法,如果不加甄别地拿来主义,生搬硬套用在自己孩子身上,恐怕很难奏效。因为每个孩子都是完全不同于他人的独立个体,孩子自身的状况、父母的教育理念、教育方法、家庭环境与他人完全不同,照搬他人的教育方法不一定适合自己的孩子。

砺智文化说:“要想成为教育的‘行家’和‘专家’,‘学习+写感悟’是自我提升的不二法门!”学习家庭教育不是来对付孩子的,学习后通过感悟,悟出其中的奥妙,悟出家庭教育的真谛,然后寻找到适合自己孩子的教育方法才是最有效的方法。通过学习一星半点就来对付孩子,这是最不明智的做法。

教育孩子要因时因地,并且不同的年龄段所采用的教育方法也是不同的,所以孩子成长的过程也是父母成长的过程,孩子学习的过程也是家长学习的过程。学校教育是批量生产,而家庭教育的个案性很强,所以作为父母必须学习家庭教育的规律和孩子成长的规律,用科学的方法引导孩子,孩子才能健康而快乐地成长。如果家长采取的是以不变应万变的方法,也就是

孩子在成长，家长还是用一成不变的教育方法应对孩子，孩子不出问题才是怪事。

砺智文化说："生活是自己创造的，孩子是自己教育的——自己才是一切的根源！"心动不如行动，走进砺智文化，只要用心学习、用心感悟，教育孩子从此不再为难，学不学砺智文化都得教育孩子，学习了就能大大提高教育成功的概率。

我的感悟

了解孩子的“哭”外音

下午孩子们离园的时间到了，孩子们像快乐的小鸟一样飞向父母的怀抱。最后只剩下了帆帆。

帆帆是个十分敏感的孩子，当她在找今天的折纸手工的时候，爸爸进来了。帆帆一手拿一个手工作品，坐在换鞋的小椅子上准备换鞋子，穿好鞋子，帆帆不知怎么大声哭起来了。爸爸用手拉她想离开，可是帆帆用脚跺着地哭闹不停，就是不肯离去。爸爸生气地躲到活动室的外面，帆帆倚在门框上，嘤嘤地哭着。我问道：“帆帆，爸爸来接你了为什么不走?”“我想让妈妈来接。”“爸爸把你带回家不就见到妈妈了?”“我妈妈出差了。”“原来帆帆是想妈妈了，妈妈也一定想帆帆，帆帆是个懂事的孩子，跟爸爸回家，给妈妈打个电话好不好?”听了我的话，孩子懂事地点点头，我把她送出活动室交给爸爸，爸爸很感激地说声谢谢领着女儿回家了。

帆帆哭不代表不愿意回家而是想妈妈了，和妈妈分离了一天，多么盼望着妈妈能来接啊，可看到是爸爸时，孩子的内心非常失落，禁不住哭起来了，此时孩子多么希望得到亲人的关心啊，可是爸爸并没有读懂孩子“哭”的背后是什么？不了解此时孩子的心情，就想着将孩子带回家，没有及时安慰孩子，幸运的是爸爸没有训斥孩子，只是退到一边让孩子发泄心中的不快。此时孩子并不见得必须让妈妈接她回家，她需要的是像妈妈一样关爱她、了解她、安慰她的人。

每一个人都有一个丰富的内心世界，孩子也不例外，怎样去倾听、接纳，值得我们去学习、了解。帆帆是因为妈妈出差了，心里有了波动，每天关注她、欣赏她的妈妈不在身边，孩子会通过“哭”的形式以引起他人的关注。

了解、接纳孩子的反常情绪，包容孩子脆弱的心，孩子幼小的心灵才得以健康成长。

我的感悟

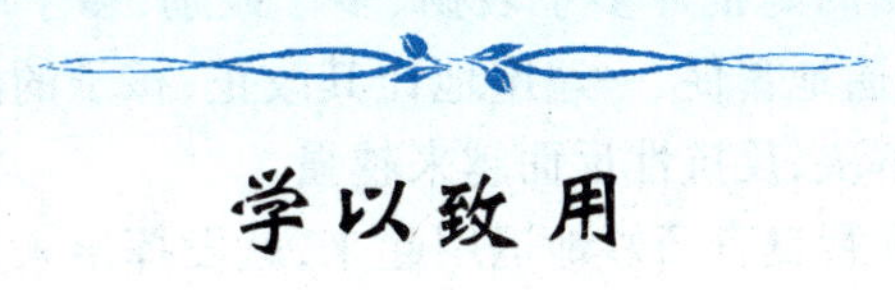

学以致用

每天早上6:30等待康老师发布“每天背熟一句”已经成了习惯,已经成了我们生活中不可分割的一部分,砺智文化是一种生活方式,家庭教育是一种生命状态。今天也不例外,早早地用手机上网,静静等待着,今天的砺智良言是:让一个人发挥最大能力的方法,就是欣赏和鼓励。当康老师发布出来时我眼前一亮:欣赏和鼓励能将一个人的潜能发挥出来,虽然大道理大家都懂,但是在具体的落实过程中做得并不到位。当我每天面对近30个活泼可爱的孩子们时,面对孩子的调皮行为难免有批评的时候,批评得越多,孩子越反抗。这就像弹簧,给它的压力有多大,反弹的力量就有多大,越批评越达不到理想中的效果。

今天学习的内容给我很大的启发,何不将这句砺智良言运用起来呢?找出孩子的优点,欣赏孩子的优点,表扬孩子的优点。今天由于下雨,有两位奶奶提前将孩子接走了,我带领孩子们围坐在一起讲故事,但是刚刚那两位小朋友坐过的小椅子摆在中间很扎眼,原来的经验是让某一个小朋友将椅子搬走,今天我改变方式。

我:“孩子们,看看我们的中间有什么?”

孩子:“椅子。”

我:“椅子放在中间合适吗?”

孩子:“不合适。”

我:“替我想想办法,放在哪里比较合适呢?”

比较机灵的煜煜马上领会了我的意思,将两把椅子搬起来放在一边,随即我大声说:“看看煜煜表现得多好啊,主动地将椅子搬到一边,我们应该向煜煜学习,大家给他鼓掌吧。”呵呵,热烈的掌声让煜煜脸涨得红红的。故事继续进行,在讲故事的过程中不断有小朋友被接走,这边被接的孩子刚一离开,马上就有四五名幼儿跑过去争着搬椅子,表扬的威力实在是太大了。任何一个人都有被鼓励、被表扬、被欣赏的需要,何况是成长中的孩子?对于鼓励、表扬和欣赏的需要,孩子比成人更迫切,它是对自己最高的奖赏,被激

发出的积极向上的动力是无法估量的。砺智文化说："赞美让人心情愉悦，赞美让人乐观开朗，赞美还可以发掘人意想不到的潜能。"可是在平时的教育中我们一般采用的是批评多于表扬、多于鼓励、多于欣赏，看到孩子身上存在的不足，一遍遍地督促、一遍遍地让其改正，孩子的问题在不断的指责、批评中不但没有解决，反抗性反而越来越强。

仅仅将一句砺智良言巧妙地运用起来，就发挥出来这样大的作用，它的魅力立即显现出来了，孩子的行为马上有了很大的转变，这是多么让人欣慰啊，比单纯苦口婆心地劝说、批评效果好很多很多。砺智文化告诉我们：学会学习比学习本身更有意义。

怎样培养孩子的交往能力

孩子们正在专心致志地玩积木，突然传来明明的哭声，循声望去，只见明明边哭边大声说："你赔我的积木，你赔我的积木。"再看看"肇事者"洋洋，正呆呆地站在一边，一副满不在乎的样子。

问事情的原委，一旁的小伙伴一起状告洋洋：洋洋将明明搭好的积木弄乱了。洋洋不满意小朋友的回答："我想和明明玩。"小朋友不买洋洋的账："你在捣乱。"没有想到听到小朋友的责备，洋洋哭起来了。

这是怎么回事呢？

原来，洋洋看到明明积木搭得非常好，想加入到明明一组中去，但是由于不知如何加入小朋友中，情急之下，将明明搭好的积木推倒了。

随着孩子年龄的增长，当离开家庭走向社会的时候，孩子的交往就开始了，但是涉世未深的孩子根本不懂得如何与小朋友打交道，这就需要父母培养孩子基本的交往能力。一位美国儿童学专家曾指出："一个人与同事、家人及熟悉的人们如何相处，往往取决于他童年是如何与其他小朋友相处的。"

那么怎样培养幼儿的交往能力呢？对于刚刚踏入社会的幼儿不妨从下面几点入手：

1. 增强语言表达能力

语言是思维的工具，所以给孩子创设增强语言表达能力的环境尤为重要。礼貌用语如：请、谢谢、对不起、没关系……协商语句如：我能和你玩吗？……好吗？如果孩子的语言表达能力强，与人沟通就比较顺畅，孩子才能较好地将自己的想法表达出来，才能较好地被对方接受，才能更好地融入对方的游戏活动中。

2. 分享、交换

幼儿的人际交往就是从分享食物和一对一的玩具交换开始的。当孩子对外界有渴求的时候，孩子不知道怎么做，家长让孩子用分享食物的方法赢得其他幼儿的好感，孩子的交往范围也就不断扩大。如果孩子不满足于食

物的分享，可以让孩子进行物与物的交换，交换自己心爱的玩具，彼此之间建立平等的关系，这样的关系维系得比较牢固。

3. 扩大交往范围

孩子希望有自己的小伙伴，很多孩子入园一段时间后，会哭着对妈妈说："妈妈，×××不和我玩。"这就说明孩子渴望有好朋友。利用节假日，带孩子出去玩或是邀请其他孩子到家中来玩不失为良策。

4. 创设情境

幼儿的学习是直观形象的，是通过模仿得来的，单纯地说教孩子不可能马上领会。父母可以为孩子创设一定的情境通过自己的演示，让孩子模仿，在模仿的过程中孩子会进一步了解怎样与他人沟通、怎样表达自己的想法，学会谦让、学会合作，等等。

在培养的过程中会出现各种各样的问题，不管出现什么问题，家长要放平心态，不能抱着怕孩子吃亏的观点，阻止孩子与他人交往。当出现问题时，让孩子学会面对，学着处理，失败的经历对孩子来说也未尝不是一种成长经验。交往是孩子迈向社会、融入社会的重要途径，培养幼儿的交往能力不是一朝一夕的事情，需要家长的爱心、耐心和恒心。

我的感悟 ……………………………………………………

……………………………………………………………………

孩子的不良行为是家长错误教育的反应

玉玉是个漂亮的四岁小女孩，最近有一件事情特别困扰玉玉妈妈——玉玉不会做加减法运算。妈妈生气地说："你说我的孩子怎么这么笨呢?!简单的个位数加减都不会，以后上学怎么办啊?"

五岁的成成胆小怕事，做事缩手缩脚。有几次姥姥说："成成的书写能力很差，绘画更不行。"老师知道成成已经被家长包办得太严重，劝姥姥应放手多锻炼孩子。姥姥连忙说："让他锻炼啊，让他写字不会写啊。"姥姥错误地认为放手锻炼等同于写字了。砺智文化说："不是孩子不优秀，而是父母太落后!"

孩子的成长是有一定规律可循的，教育孩子应该顺应孩子的成长规律进行因势利导，将孩子的潜能挖掘出来。但是像玉玉妈妈和成成姥姥这样的家长大有人在，她们不顾孩子的实际发展水平，强迫孩子学习超越年龄的书本知识，强迫他们做本不该在这个年龄段做的事情，孩子不能理解和做不到是再正常不过了，但是家长不但不理解孩子，反过来还要谴责孩子笨，书写能力差。玉玉和成成听了家长的话，心里的感受可想而知。每一位父母都想把孩子教育好，都想把孩子教育成功，如果不按照孩子成长的规律，任意地拔苗助长，可以想象孩子是个什么状况。当孩子还不知学习为何物时，学习兴趣已经被父母扼杀在摇篮中了，孩子的注意力、主动性等更无从谈起。砺智文化说："学习是孩子的本能，当快乐学习变成了机械教育，孩子也就开始厌学了。"砺智文化又说："激发孩子的学习欲望，远比教会有限的知识更有意义!"

现在很多的孩子表现出自卑、学习不求上进、遇事退缩逃避等，从孩子的表现可以看出家长的教育方式。我们很多家长教育孩子是在摸着石头过河，只想让孩子有出息、有能力，可是自己还是用陈旧的、落后的教育方式教育孩子，孩子在不断成长，家长不成长、不进步，用不变应万变的方法教育孩子，能将孩子教育成功吗？在孩子的未来等待孩子成长，就是要先于孩子学习、先于孩子成长、先于孩子进步，才能用正确的方法教育孩子。孩子对我们的教育方法才能心悦诚服，否则孩子既不愿意听你的唠叨，又不愿意与你沟通，这样的教育效果可想而知。砺智文化说："家庭教育的艺术不在于'学业化'，而在于激励、唤醒和鼓舞。"

没有谁生来就会做父母，没有谁生来就会教育孩子，都是在学习的过程中不断成长的。砺智文化说："父母教育孩子的过程，也是自身不断学习和感悟的过程。"通过学习发现自己身上存在的教育问题，才能有效地改正并用正确的方式教育孩子，所以要把目光转向自己，而不是盯着孩子的缺点错误不放，只有自己改正了，孩子才能改变。

家庭教育是一切教育的起点和基础，做学习型父母、创建学习型家庭不但是自身提升的需要，更是孩子成长的需要！

我的感悟 ……………………………………

……………………………………

……………………………………

……………………………………

集中精力玩纸条的孩子

午饭后，孩子们正聚精会神地看动画片，只见晨晨在一个角落里不停地起来蹲下、起来蹲下，晨晨在做什么呢？走过去一看，原来是晨晨在玩一张小小的纸条。

一个小小的纸条对晨晨有什么样的吸引力呢？

只见晨晨将纸条放在嘴边，轻轻地向上吹起，然后饶有兴趣地看着纸条轻轻地飘落在自己的身上，晨晨将纸条再捡起，又继续向上吹，纸条又轻轻落下，晨晨乐此不疲地重复着相同的动作。纸条一会儿落在脸上，一会儿落在地上，每次都会引起晨晨极大的兴趣，晨晨自得其乐，小脸涨得红红的，偶尔抬头看看我，便又投入自己的游戏中。后来晨晨将小纸条捻在一起，继续向上吹，继续做着同样的动作。看到孩子玩得那么投入、那么专注，我不忍心打扰他，便悄悄地离开。砺智文化说："当我们不知道说出的一句话是否会对孩子造成伤害时，就请我们先——闭嘴！"是啊，我们想让孩子在集体的环境中行动，可是为什么要求孩子一定参加到集体的活动中呢？为什么一定要求孩子必须按照我们的要求行事呢？如果我要求晨晨加入看电视的活动中，孩子也许按照我说的去做了，可孩子无奈的表情、极不情愿的心理让我难以释怀，此时我就会扼杀了孩子求知的欲望、扼杀了孩子的专注力、扼杀了孩子的学习兴趣，我不想做一个无知的教育者，我还是做个明智的观察者吧。

一张不起眼的小纸条就能引起孩子的极大兴趣，在玩的过程中饶有兴趣、全神贯注，再好看的动画片都没有影响到晨晨。这就是孩子的学习，孩子学习到了什么呢？感兴趣于自己吹起的力量？是一次次吹起时纸条有丰富多彩的变化？还是自己的成就感？又或是孩子有自己独到的发现？我不得而知，我能做的就是不打扰孩子的游戏，让孩子尽情地玩吧，让孩子享受这其乐无穷的游戏吧。在游戏的过程中，他们的积极性被充分调动起来了，他们的注意力和学习兴趣都能得到充分的提高，也许下一个爱因斯坦、下一个爱迪生、下一个牛顿就诞生在这里。

让孩子拥有：

一双发现美的眼睛

一双创造美的双手

一颗热爱美的心灵

我的感悟

家长是孩子的一面镜子

每天早上洋洋都是由爸爸送入幼儿园的，今天也不例外。今天早上在二楼楼梯拐弯处碰到了洋洋与爸爸，我们互相打招呼后，我径直上楼，只听到走在后面的洋洋问："爸爸，哪儿是右呢？"我回头一看，洋洋走在爸爸的后面，是在楼梯的右侧，爸爸站在左侧，是孩子真不知道左右？还是在考验爸爸？只听到爸爸说："左右你不分了，你站的那边就是右，快上。"洋洋听到爸爸的指令，立即蹬蹬地跑在爸爸所在的左侧上楼了。

礼仪品格教育在我园已经实施几年了，礼仪课上，也多次对孩子进行这样的礼仪教育，并且在实践中我们也是这样做的。对于走楼梯要靠右侧，孩子们已经养成了良好的行为习惯。今天洋洋问爸爸，不是孩子不知道左右，是看到爸爸没有按照正确的方式上楼，对爸爸提出了异议，而爸爸并没有意识到自己的行为有什么不妥。所以当孩子提示时，没有领会孩子的意图，只是招呼孩子快上楼，孩子听到指令后竟跑到爸爸所在的左侧上楼了。我们的教育失去了意义。

家庭教育体现在生活的方方面面、点点滴滴中。家长的一言一行对孩子起着潜移默化的影响，如果稍有不慎就会出现"5+2＝0"甚至小于0的现象。今天洋洋爸爸的行为，将洋洋已经养成的好习惯又归于原位。康老师说过："家庭教育不是简单的说教，而是家长的'学会—说对—做到位'，是'言教+身教+境教'的高度统一。"

砺智文化说："把孩子教育成人才是家长最伟大的事业！"孩子成人、成才、成功不是想想那么简单，需要家长好好学习，孩子才能天天向上。生活中需要我们时时事事注意自己的言行，孩子那双探求未知的眼睛正在注视我们，因为家长是孩子的镜子，孩子是家长的影子，父母的一言一行都会对孩子产生深远的影响，都会成为孩子竞相模仿的对象，我们就是孩子成长道路上的一面旗帜，我们就是孩子学习的榜样！

我的感悟

用正确的方法表扬孩子

在赏识教育盛行时，家长表扬孩子简单明了，大拇指一伸，棒！一个“棒”字满天飞，把孩子表扬得晕头转向，误解了赏识教育的本质，结果孩子都不知为什么得到表扬。仅仅伸伸大拇指就能教育好孩子，这样做家长也太简单了，孩子并没有因为你伸大拇指就会变得越来越好。

表扬孩子是需要一定技巧的，表扬的方式方法是否得当会影响到表扬的效果。今天学习了五种表扬孩子的方法与大家共享。

1. 不要吝啬表扬

人在表扬鼓励中成长得更快，砺智文化说：“让一个人发挥最大能力的方法，就是欣赏和鼓励。”年幼的孩子更需要表扬。

2. 表扬要及时

当孩子做了一件事情时，父母要及时表扬，最好是当场表扬，让孩子的行为得到正强化。久而久之，孩子的这一行为就会巩固下来，慢慢成为一种习惯。即使孩子做了一件不起眼的事情，如按时吃完饭、自己洗脸等，父母也要对孩子进行表扬，以进一步强化孩子的行为，让孩了明白自己的这个行为是父母喜欢的。为了得到父母的表扬孩子以后还会继续做，并且相信做得越来越好。得到表扬的孩子兴致很高，为了得到父母的再一次表扬，孩子会更努力地将事情做好，这就需要父母抓住机会，将孩子瞬间闪现的火花牢牢抓住。

3. 表扬要具体

(1)陈述事实；

(2)确认事实的可贵性；

(3)说出自己的感受；

(4)鼓励继续努力。

表扬孩子的时候需要具体明确，表扬得越具体孩子越容易明白哪些是对的，哪些是不对的，让孩子知道为什么得到表扬，孩子就会很容易找准努

力的方向。

4. 表扬孩子要注重过程

由于孩子的年龄较小，做事缺乏经验，不会将事情做得尽善尽美，作为父母要注重孩子做事的过程，即使结果做得不称心如意，也要表扬孩子，让孩子体验到做事情的快乐，所以要注重孩子做事的过程，不仅仅是事情的结果。

5. 表扬要在良好行为之后进行

表扬最好在良好行为之后进行，而不是事先许诺，从而增强孩子良好行为发生的自觉性。

不能为了哄孩子开心就随意许诺：只要你做了某某事，妈妈就给你买什么，或是妈妈带你到哪里玩。这样的许诺成了一种交换，不能调动孩子做事的积极性。只有孩子积极主动做了一件事情才能得到表扬，这样的表扬才有价值，孩子会更加珍惜。

无论是成人还是孩子都喜欢得到表扬，表扬是一种催化剂，是亲子关系的润滑剂。表扬对孩子来说具有无穷的魅力，需要我们学会正确的表扬方法，让孩子的良好行为得以巩固。

我的感悟 ....

....

....

....

善于抓住有利时机教育孩子

对父母铁石心肠的人，都生长在那些父母过分溺爱子女，对他们百依百顺，一味迁就，对他们没有任何要求的家庭。在这样的家庭里，孩子只是欢乐和需求者，他的生活全部乐趣仅仅在于可以取得什么，获得什么，这就会形成“本来应当如此”的判断。

——教育家苏霍姆林斯基

今天很多父母对孩子的溺爱达到了登峰造极的程度，孩子养尊处优，事事以自己为中心。由于溺爱，他们不知道“孝”为何物。由于溺爱，事事都是自己“为先”，“独占”成了现在很多孩子的通病。

请看一组镜头：午饭时间到了，今天奶奶做的是土豆炖排骨，奶奶准备让爸爸给太爷爷送一碗过去，7 岁的女儿盈盈一听不愿意了：“我要先吃。”奶奶忙盛了一碗端给了盈盈并说：“好孩子，吃吧，吃吧，不要哭。”盈盈便旁若无人地吃起来，当爸爸将要准备给太爷爷送过去时，正在吃排骨的盈盈大哭起来：“不行！”意思是不能给太爷爷吃。爸爸生气地对盈盈吼了一通，为了不让盈盈继续哭闹，奶奶和爷爷不停地往盈盈的碗里夹肉，在爷爷奶奶的哄劝下盈盈这才罢休，妈妈在一边视而不见、充耳不闻。虽然爸爸的教育方式不可取，但全家人除了爸爸外，其他人没有觉得孩子哪里做得不对，还一味地满足孩子的无理要求。像这样的情况很常见，这样的孩子也不是个别现象。“一切以孩子为中心”成了爱孩子的主流，什么事情首先想到的是孩子，只要孩子想要的，家长没有做不到的。如果天上的星星和月亮能拿下来，父母也会想方设法满足孩子。在这样的环境下，孩子养成了自私的坏习惯不足为怪。砺智文化说：“培养不出优秀的人才，是因为采用了不优秀的教育理念和教育方法；培养出了平庸的人，是因为被平庸的人培养的必然结果。”

孩子自私无情，确实让人寒心，但是始作俑者是谁呢？要怪就怪无知的父母吧。现在孩子出现问题了，不要错过教育的有利时机，父母善于抓住有利时机对孩子进行教育和引导最为关键。就像盈盈，事后父母要和孩子沟

通，为什么有好吃的要先想着老人，让孩子明白“百善孝为先”的道理，要让孩子学会关心长辈。也许当时孩子不明白其中的道理，但是父母应该做给孩子看，给孩子树立良好的榜样，并给孩子及时、正确、恰当的引导，才能给孩子的成人成才奠定坚实的基础。也许下次孩子还会不情愿，但是不至于像今天这样无理取闹下去。

砺智文化说：“影响孩子成绩的主要因素，不是学校，而是家庭。家庭教育是人成长的根部和根本，它是‘培根教育’。”“培根教育”就是将孩子从一个自然人培养成健全人格具有良好性格的社会人，这是每一个做父母的职责所在。

我的感悟

你的爱正确吗？

天下的父母没有不爱自己的孩子的，爱自己的孩子是一种本能。反思自己：给孩子的爱是正确的吗？给孩子的爱孩子接受吗？很多的父母打着“爱”孩子的旗号做着各种伤害孩子的事情。

为了“爱”孩子，父母们绞尽脑汁、煞费苦心，千方百计为孩子遮风挡雨。

孩子喜欢玩沙子，妈妈会第一个跳出来反对：“不行，把衣服弄脏了，把眼睛迷了。”

孩子刚把新买的玩具拆开，妈妈说：“不能拆，拆了就坏了，没办法玩了。”一句话就剥夺了孩子探索的欲望。

孩子正学着自己用筷子吃饭，妈妈说：“宝宝不会，妈妈来喂……”

四岁的伟伟是在溺爱中长大的，有一次生气了，对妈妈说：“我死了算了。”妈妈一听大惊失色：“伟伟可不能死，你死了，妈妈怎么办？”伟伟扬起头拧着脖子说：“你活该！”

在父母的处处关心和爱护下，我们的孩子要么遇事退缩、事事依赖父母，做事没有主动性；要么骄横跋扈，天下以他为大。孩子出现问题，受伤害的首先是孩子，砺智文化说：“3 岁前后严格管理，做孩子的家长；13 岁前后逐步放手，做孩子的朋友。”作为父母既不要像“老母鸡”式地将孩子紧紧护在翅膀下，也不要走向另一个极端，试图改造、控制孩子，将自己的意志强加给孩子。当我们给予孩子爱的时候想一想，哪种爱是孩子接受的，哪种爱是孩子不需要的。砺智文化说：“爱是无条件接纳——任何有条件的爱都不是真正的爱，而是赤裸裸的管制和奴役！”爱孩子不需要任何理由和借口，爱孩子就要从孩子的实际需要出发，孩子需要父母有原则的爱、理智的爱。不要因为怕麻烦、怕脏而阻止孩子感兴趣的活动；不要因为孩子成绩不好，就满脸阴云；不要因为孩子一道题暂时不会，就斥责他笨；不要因为没有取得好的名次就成了唠叨孩子的理由；不要因为孩子调皮，就对孩子实行控制；不要站在自己的角度将自己的意愿强加给孩子……

当孩子尝试着做一件事情的时候，父母给予孩子的应是鼓励和信心，而

不是阻止或代替。砺智文化说："关心而不干涉，协助而不代替。"砺智文化又说："不要代替孩子体验，要让孩子学会品尝。"在孩子成长的道路上，父母正确的、理智的爱才是孩子成长的催化剂。

我的感悟

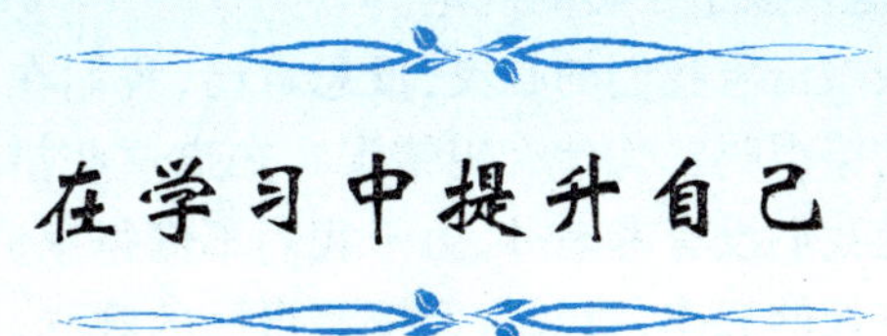

在学习中提升自己

砺智文化群沙龙每周三次(周一、三、五晚 20 点准时开始)的高能量的学习,在全国属首创。砺智文化带领我们走进一个全新的世界,走进一个积极向上的学习环境中,让我们不断吸取先进的、科学的家庭教育新理念,在学习中提升自己、反思自己,最终改变自己。昨晚康老师给我们带来的精神食粮是《家庭教育必知十大戒律》,感同身受,主要内容是:

1. 不要瞧不起孩子;
2. 不要恐吓孩子;
3. 不要贿赂孩子:
4. 不要逼孩子答应“下次不敢了”;
5. 不要过度保护监督孩子;
6. 不要对孩子唠叨不休;
7. 不要强迫孩子立即盲目地服从他人;

8. 不要纵容孩子；

9. 不要用不一致的规矩管教孩子；

10. 不要订不适合孩子年龄的规矩。

十大戒律条条敲击着我们的心灵，反思自己，我们在教育孩子的过程中犯过这样或那样的错误吗？为什么犯错误？知道这些错误对孩子造成的伤害有多大吗？可能我们没有考虑过，由于我们不懂得家庭教育的规律，由于我们不了解孩子成长的规律，我们每天按照自己的观念、自己的想法教育孩子，致使好心办成了坏事。

生命潜能开发先驱许谊铭老师说："每个孩子都是老天的一粒种子，都是最优良的品种，质量绝对没有问题。"只有当种子在不同的土壤中生长时，才会产生很大的差距。每一个家庭就是某种意义上的土壤，是肥沃还是贫嵴、是滋润还是严苛、是滋养还是溺爱、是安全还是动荡、是精细还是粗暴、是雅正还是邪门，在不同的土壤中会生长出不同品性、风格、才能的孩子。可见家庭这块土壤对于孩子的成长是多么重要，家庭教育的理念、方法、环境能影响到孩子的一生。

想让孩子这粒优良的种子得以正常的生根、发芽，最终绽放出美丽的鲜花，需要我们给予孩子充足的营养、充足的阳光、充足的水分。

想要给予孩子这么多，父母先要储存才能给予，储存的唯一方法就是做一个学习型的父母，建立一个学习型的家庭。

用砺智文化的新理念充实自己

楼下看车库的是一位年轻的妈妈，有一个六岁的小男孩，上小学一年级。每天下班时都能看到小男孩与小朋友骑车子、踢球、捉迷藏、玩滑板……玩得不亦乐乎，在活动中孩子透出的那种天真、活泼、可爱，非常招人喜欢，有时我会忍不住驻足逗留，观看一会儿他们正在玩的游戏，自己就像回到了儿时一样。

昨天下午下班时，没有看到孩子玩的身影，放车子时听到的是妈妈大声训斥孩子的声音："考了个倒数第一你丢不丢人？你还好意思哭？人家考 99 分，你呢？"听到这里，我不想让妈妈再继续训斥下去了，推门进去便看到妈妈坐在床边，满脸愤怒，两眼的怒火像要喷出来，孩子站在妈妈的面前早已哭成了一个泪人。我对妈妈说："不要这样训孩子了，孩子考得不好，心里已经很难受了，抱抱孩子吧，帮孩子分析分析哪里出了问题。"听到我的话，孩子则顺从地向妈妈靠了靠，我拿起妈妈的胳膊想让她给孩子一个拥抱，但是

妈妈没有抱孩子的意思，还是愤愤不平地说："他不难受，他要难受就不会考倒数第一了，每次我告诉他，要仔细，不要马虎，每次还是犯错误……"妈妈还在用自认为正确的理念教育孩子，不知会训斥到什么时候才能结束。

追求卓越是人的本能，孩子没有不想学好、考好的，也许孩子上课开小差了，也许跟不上老师讲课的进度，也许孩子对知识没有完全掌握，父母需要及时与孩子一起分析原因，找到问题的症结才是解决问题的关键。考得差，孩子比谁都难过，此时孩子最需要的是父母的关爱、拥抱、微笑和包容，家长不能一味着急，而应该让孩子内疚的心平静下来。简单粗暴的训斥不能解决问题，只能让孩子对学习产生畏惧心理，让孩子觉得父母爱的是分数而不是自己。砺智文化说："你是真心爱孩子？还是更爱孩子的分数？"

家庭教育是解决孩子愿意学的问题，学校教育才是解决孩子怎么学的问题，我们将眼光紧紧盯在孩子的分数上的时候，也是孩子的灾难到来的时候，家庭教育学业化是家庭教育最大的误区。

作为新时代的父母应该有一个全新的观念，通过学习砺智文化家庭教育，让自己的教育理念有一个全新的洗礼，用科学的家庭教育理念充实自己，将自己的孩子教育好，将自己的家庭经营好，到那时，让每个家庭因砺智文化而和睦，让整个社会因砺智文化而和谐，让亲子关系因砺智文化而和美！该是一幅多美的画面啊！

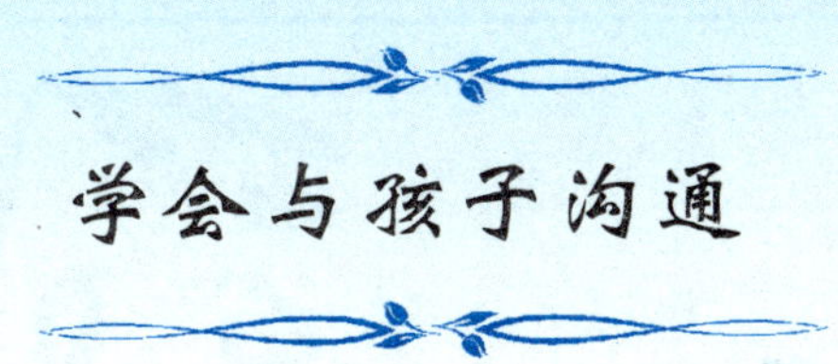

学会与孩子沟通

孩子在幼儿园生活了一天，下午离园时，孩子的兴奋度是最高的，马上见到爸爸妈妈了能不高兴吗？见到爸爸妈妈，孩子多么希望能听到他们一句关心的问候啊，但是我们听到的往往是："宝贝，今天听话了吗？""上课认真听讲了吗？""不要吃手了，告诉你多少次了，就是不听。""你看你的衣服怎么这么脏，以后不能在地上爬了。"……刚刚阳光灿烂的笑脸马上转为阴雨天，孩子内心燃起的希望马上跌入谷底，伤心极了。孩子希望的父母没有给予，反而挨一顿责问和训斥。父母责问式的沟通有作用吗？

开展砺智文化家庭教育沙龙时请教家长一个问题："将孩子带回家后，首先做什么呢？"有的妈妈说："忙着做饭啊，一堆家务等着我呢。"有的妈妈说："将孩子交给奶奶，我还有工作没有处理完……""回家后有没有想着和孩子聊会儿天玩一玩呢？"家长们彼此看了看，笑了笑。孩子有一肚子的话想与妈妈分享，可是没有倾诉的对象。爸爸妈妈永远有忙不完的家务，永远有忙不完的工作，既然家务和工作永远都忙不完，不如先暂时放一放。将孩子带回家后，和孩子聊聊天，停下手中的一切事情，倾听孩子的诉说，做孩子忠实的倾听者，即使孩子表达不清、语无伦次，父母也要表现出极感兴趣的样子，让孩子真真切切感受到父母对自己的爱，对自己的关注。

倾听是沟通的基础，通过倾听了解孩子精彩的内心世界：了解孩子的内心想的是什么、关注的是什么、需要的是什么，然后才能给孩子正确的引导和帮助，让孩子切切实实感受到父母是爱自己的。

砺智文化说："家庭教育生活化，生活家庭教育化。"亲子之间平等地沟通就是一种家庭教育生活化的体现。平等地沟通是以尊重孩子、接纳孩子为前提的。这样孩子才能敞开心胸与父母畅快地交流，如果像开篇时父母对孩子说话时居高临下的、命令式的责问是关心孩子们吗？这种责问是正常的亲子沟通吗？显然不是的。空洞的说教、命令式的威胁，对孩子已经起不到教育的作用了，以后孩子有心里话还找你诉说吗？

及时改变不良的沟通方式，让亲子之间的沟通顺畅、融洽，让家庭和睦、幸福指数节节攀升！

我的感悟

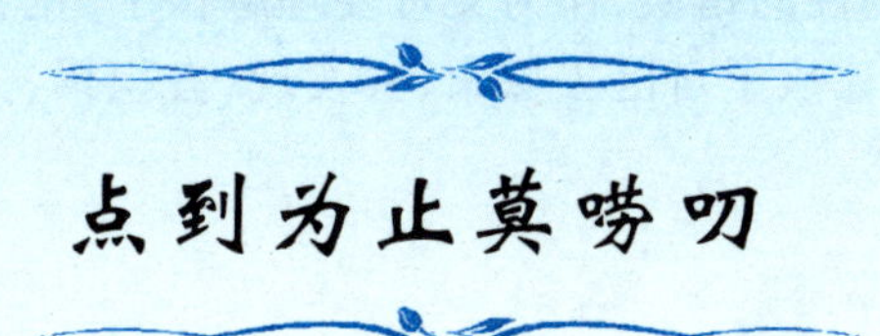

点到为止莫唠叨

和妈妈们聊天时，最让妈妈们头痛的是：一件事对孩子说了N遍了，孩子就像没有听见，最后不得不敞开嗓门大声嚷嚷，只有我生气了，他才行动。

是孩子真的听不见吗？心理学研究表明：同样的话，说到第三遍时，就会形成一种抑制性厌倦。过分唠叨会使孩子觉得父母认为他没有理解事物的能力和不信任。

家庭教育是一门科学，同时又是一门艺术，对孩子进行教育时，最忌讳的就是唠叨。砺智文化说："一等家长用眼神教育孩子，二等家长用语言教育孩子，三等家长用拳头教育孩子。"绝大多数家长在教育孩子时大多采用的是二等的教育方法：用语言教育孩子。用语言教育孩子的过程中，往往采用的是唠叨，唠叨是妈妈们的通病，很多的妈妈知道唠叨无益，但教育起孩子来还是唠叨个没完。

为什么我们经常对孩子唠叨不休？

因为我们担心孩子做错事、担心孩子走弯路、担心孩子出差错、担心……总之都是不放心，所以我们的眼光每天紧紧盯着孩子，一旦孩子稍有差错，马上给找出来，容不得孩子一丁点的失误，从没有对孩子说："没关系，下次注意点就可以了；不要紧，妈妈小时候还不如你做得好呢！……"家长对孩子是高标准严要求，想引起孩子的重视，想让孩子引以为戒，结果唠叨并不能让孩子改正自己的错误，相反让孩子对父母的唠叨厌恶至极。教育孩子需要点到为止莫唠叨，翻来覆去地重复大有恨铁不成钢的味道，殊不知孩子早已将父母的唠叨屏蔽了，左耳朵进右耳朵出，甚至根本都不进，唠叨根本起不到教育的作用。有的父母在教育孩子的过程中喜欢翻旧账，将孩子曾经犯过的错误一次次说，长此以往孩子会对父母的说教反感甚至破罐子破摔。

孩子犯错误是在所难免的，我们成人都会犯错误，何况是正在成长中的孩子呢？由于孩子的社会经验较少，阅历较浅，手眼协调能力不够好，大脑神经系统不够完善，犯错是必不可少的。砺智文化说："孩子是必须要犯错

误的，每个年龄段都要允许他犯那个年龄段的错误；如果不犯错误，就失去了通过犯错的经验去学习、应对和成长的机会。”

只要不是原则性的错误，作为父母要理解孩子，宽容孩子，给孩子一定的成长空间，放手让孩子自己去探索、去发现、去积累、去修正，孩子对父母的包容会感激不尽。

把自己也变成孩子

砺智文化2011年度工作会议圆满结束了，就在参加年会的第二天晚上，康老师带领我们模拟了“家长行为模式训练”中的一个环节：父母与孩子交换角色。整个模拟环节对我的触动很大，至今记忆犹新。

作为孩子的妈妈，当孩子出现问题的时候，家长的浮躁、烦躁、急躁、暴躁、狂躁就会暴露无遗。对孩子出现的问题，家长都是站在自己的角度，从没有站在孩子的角度设身处地地想一想，孩子为什么犯错？孩子犯错心里一定也不好受，父母应该接纳孩子、理解孩子是首要的。相反父母们可以说口无遮拦，什么最难听说什么，什么最恶毒说什么，家长是挖空心思将孩子的新账旧账一一翻出来，只有发泄了对孩子的不满，只有将孩子的缺点，错误一一数尽，感觉才能尽到做父母的职责，孩子才能改正所有不好的行为。家长发泄完了，心里舒坦了，而孩子呢？当我扮演孩子的时候，我蹲在那里，“妈妈”手指点在我的头上、身上，实际上是疼在我的心里，责问声、责骂声不绝于耳，当时真想找一个地缝钻进去，再也不想见到“妈妈”。我被“妈妈”批评得一无是处，心里难受极了，既然我什么用都没有，我在这个家还有什么意义？我离开你好了。“妈妈”只知道发泄自己的不满，可是我呢？我的感受谁能理解？“妈妈”在冤枉我，我很委屈，我有委屈没有人听，没有人理解我，我只能躲在一个角落里偷偷地哭泣。

妈妈担心孩子犯错，担心孩子走弯路，孩子一旦有丁点儿的失误，就想马上纠正，自以为是地指责孩子、抱怨孩子，因为妈妈特别想看到孩子的成功，妈妈是抱着“为你好”的观点出发，遇事没有与孩子沟通，没有与孩子协商，更没有倾听孩子，没有了解孩子的想法，仅仅是从自己的角度出发，错误的教育方法挫伤了孩子的积极性和上进心，这样的教育方法实在不可取。孩子犯错是必然的。砺智文化说：“孩子是必须要犯错误的，每个年龄段都要允许他犯那个年龄段的错误；如果不犯错误，就失去了通过犯错的经验去学习、应对和成长的机会。”因为孩子的世界与成人不同；倘不先行理解，一味蛮做，便大碍于孩子的发达！想赢得孩子的尊重，想教育好孩子，首先是

把自己也变成孩子，只有这样，才能真正理解孩子、了解孩子。砺智文化说："教育孩子的前提是了解孩子，了解孩子的前提是尊重孩子。"父母教育孩子的过程就是把自己的状态调整到平静和喜悦的过程，因为平静和喜悦才是真正的爱。

通过这个模拟训练环节，我深刻地体会到现在的孩子真的不容易，不但学习压力大，而且特别是孩子有了错误，有了不能令父母满意的行为时，孩子受到的伤害我们体会不到，孩子内心的痛楚向谁诉说?！好好地和孩子推心置腹地聊聊吧，听听孩子内心深处的呼唤，听听孩子内心的委屈，也许孩子的那点错误、那点失误根本算不了什么。

我的感悟

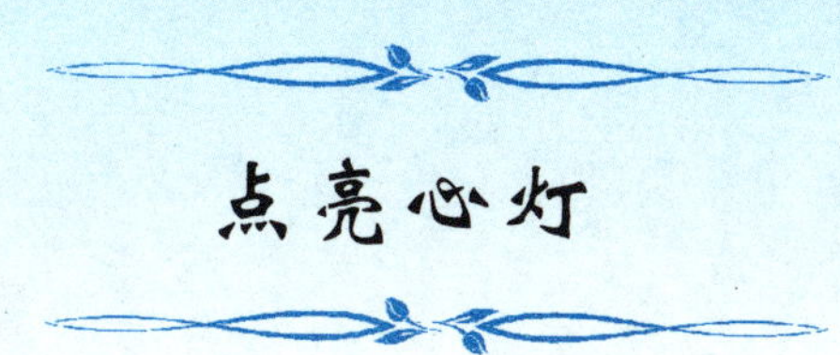

点亮心灯

砺智文化是感动人的事业，而不是说服人的事业。参加砺智文化 2011 年度工作会议，我对砺智文化的家庭教育理念“砺智文化＝家文化+爱文化”有了更深层次的理解。屈指算来走进砺智文化已有 10 个月了，短短的 10 个月的时间，在这个温暖的大家庭里我收获的是自信、收获的是快乐、收获的是感动、收获的是快速成长！

参加本次年会是在感动中度过的，接近尾声时康老师设计了一个环节——冥想。此时，窗帘已经被拉上，会场所有的灯已全部被熄灭，在康老师的指引下，亲人们手牵手围成一个圆圈，所有的人轻轻闭上眼睛，康老师带领大家从晚会开始到全部结束，回想三天来所进行的所有环节，每个情节一一浮现在眼前，一环环、一幕幕就像刚刚发生过一样。短暂三天相聚的日子里，我们已经能叫出所有亲人的名字，彼此之间是那样的熟悉，彼此之间是那样地相亲相爱，我们会随着亲人的分享或开怀大笑或泪流满面，我们已经融入亲人们动人的分享中了。接下来，张洁老师给每一位亲人一支莲花形状的蜡烛，由汪妈开始依次左右点燃，当我们手中的蜡烛一一点亮时，很快每位亲人手中都有一束跳动的火焰。背景音乐《点亮心灯》响起来了，大家凝视着手中不停闪烁的火焰，康老师给我们讲述着一个感动的故事，通过故事我进一步明白了我们每一个人心中都有一盏心灯，我们的心灯因砺智文化而点燃，每一位亲人就是砺智文化一枚小小的火种，就像手中一束一束跳动的火焰一样，为了我们自己孩子的健康成长，为了我们家庭的幸福，为了更多孩子的健康成长，为了更多家庭的幸福，砺智文化将我们紧紧吸引在一起，让我们的爱心随着这一束束火焰一起跳动，让我们的爱心将砺智文化的火种播撒进每一个已经麻木的心田，温暖每一个冷漠的心，照亮世界的每一个角落，因为我们的爱心，让砺智文化的爱心涟漪荡漾得更远、更远……

砺智文化说："让每个家庭因砺智文化而和睦，让整个社会因砺智文化而和谐，让人与人的关系因砺智文化而和美！"因为我们有大爱，爱心让我们做得更好，责任心让我们走得更远！

我的感悟

我是世界上最幸福的妈妈

母亲节临近，为了庆祝母亲节的到来，为了表达对母亲的感激之情，培养孩子的感恩之心，女儿所在的班级，在语文老师毛老师的组织下开展了“感恩母亲”的活动。今天有幸参加了女儿的班级活动并亲眼看了孩子的精彩表现，让我感动，让我流泪。

活动准时在早上八点开始，在两个小主持人的精彩主持下，活动正式拉开了帷幕。活动内容丰富多彩，分小组和个人展示。活动中孩子们抒发对母亲的热爱，表达了对妈妈的养育之恩，整个活动井然有序。在“追忆母爱”的环节中，孩子们通过妈妈的照片、织物来抒发自己的情感。到女儿刘菲展示的时间了，只见她从容地走向前台，拿出早已准备好的照片，有我上学时的照片，有结婚照，有与她小时候的合照，她落落大方地逐一介绍，条理清楚，语言流畅、清晰。特别是当女儿拿着我的结婚照向同学们和其他妈妈展示时，女儿说：“结婚那天，我妈妈做了世界上最幸福的新娘。有了我之后，妈妈成了世界上最幸福的女人。我长大了，妈妈的容颜随着时光的流失渐渐远去，但是我觉得妈妈是最美丽的……”听了女儿的话，在场的所有妈妈们都流下了激动的泪水，毛老师也摘下眼镜不停地擦拭眼泪。女儿将整个活动推向了高潮。这是我没有想到的，女儿的表达能力这么强，难怪班主任崔老师夸女儿是“大姐大”，不但组织能力强，而且做事落落大方、有条不紊，让老师和家长非常放心。

成长中的女儿自信、大方，善良、有爱心、有责任心，是老师的小帮手，我引以为豪。女儿常常挂在嘴边的一句话就是：“妈妈，请相信我！”妈妈相信你，我的孩子，是你让我成为世界上最幸福的妈妈，是你督促我不断完善自己，成长自己。

孩子，妈妈爱你！永远爱你！

我的感悟

将正向的信息传递给孩子

每次开展砺智文化家庭教育沙龙，在自我介绍环节请家长说一说在教育孩子的过程中遇到的困惑时，家长提到最多的是孩子的缺点：孩子很粗心、不爱学习、半小时的作业一个小时也完不成，写字特别难看，喜欢看动画片……表面上看是父母焦虑，担心孩子学习不好，考试成绩不理想，担心这担心那，实际上是给孩子一个暗示：你是一个粗心的孩子，是一个注意力不集中的孩子，是一个不爱学习的孩子，是一个磨磨蹭蹭的孩子……

善于发现孩子缺点的父母是喜欢挑错的父母，在不断给孩子挑错的过程中，孩子所谓的“缺点”得到了父母的关注，是在不断提醒孩子：你是一个有问题的孩子，你的缺点很多。父母的刻意挑错，不但让孩子所谓的“缺点”一次次在他人面前得到展示，让孩子不得不一次次关注自己的缺点，忽略了优点的发挥，孩子的自尊心、自信心在不断强化中受到伤害。这反映了一个什么问题？反映我们的家庭教育存在的缺失太多了，家长需要补的课太多了。当父母以焦虑、担心、指责的状态面对孩子时，孩子会对父母的不理解、唠叨生厌，亲子之间无法正常沟通，进而亲子关系激化。

砺智文化说：“父母的一言一行都对孩子产生深远的影响！”

问题孩子总能在家长的身上找到根源，我们看到孩子身上的问题，正是自己教育问题的折射。孩子出现问题不可怕，关键是家长的正确理解，给孩子以正向的引导，让孩子明白错在哪里，既然挑错带给孩子的是负向的暗示，不如把注意力放在孩子的优点上进行正向的教育。那么应该如何做呢？

比如孩子太吵了，一刻不得安宁，想让孩子安静下来，应该如何说？正确的说法是：“请小声点好吗？妈妈最喜欢宝宝悄悄地说话了。”这比“吵什么吵？就知道吵，吵死了”效果好多了。

比如孩子做作业不认真，潦潦草草，想让孩子认认真真地书写，应该怎么说？正确的说法是：“妈妈相信你能认真写好每一个字。”这比“写得什么呀，乱七八糟的，就不会认真点”效果好多了。

比如孩子玩积木时扔得到处都是，想让孩子收拾积木，应该怎么说？正

确的说法是:“请把积木送回家,好吗?”这比“只知道玩,就不知道把积木收起来吗?”效果好多了。

孩子总是在问题中不断成长的,当孩子出现问题时,我们要用正面的语言将自己的要求说出来,传递给孩子。这时我们的心态是平和的,面部表情是温和的,没有生气,没有责备,只是告诉孩子应该怎么做。当孩子听到我们亲切的正向的指令时,孩子会乐意听从我们的建议,孩子心里一定非常舒服,并且知道下一步该怎样做。

砺智文化说:“没有种不好的庄稼,只有不会种地的农民;没有教不好的孩子,只有不会教育的父母。”想让孩子的优点越来越多,只有父母好好学习,孩子才会天天向上!

我的感悟

夫妻关系是家庭教育中的 NO.1

家庭教育中有三种关系：一是父子关系，二是夫妻关系，三是亲子关系。夫妻关系是家庭教育中最重要的关系，是所有关系的基础。夫妻之间关系是否融洽，不仅关系到夫妻之间的感情，而且还会影响到孩子的情绪、情感、安全感和对父母的信任。

五岁的辉辉每天入园都是泪眼婆娑的，这已经是第四天了。问他为什么哭，辉辉声音低低的，没有直接回答老师的问题，只说了一句："你给我妈妈打个电话吧，我想给妈妈说一句话。""为什么要给妈妈打电话呢？"辉辉流着眼泪说："让妈妈早一点接我回家。"

孩子情绪低落，肯定有其中的原因。好在辉辉在老师的关爱下很快融入我们的活动中，只不过孩子脸上没有表现出快乐的样子，是什么原因导致孩子不高兴呢？

今天早饭后，因为要进行体操展示，为了让辉辉高高兴兴地投入活动中，老师与辉辉进行了一次谈话，孩子一脸的忧虑，怎么问都只是摇头，当我问是不是爸爸妈妈吵架了？担心不来接你回家？孩子紧紧地盯着我，沉默半天，突然趴在我耳边说："我担心他们吵架。"孩子终于将心中的忧虑说了出来，我只能安慰孩子："爸爸妈妈有了矛盾，是他们的事，他们自己会处理，爸爸妈妈还会像原来一样爱辉辉的，下午爸爸妈妈一定会来接你回家的。"孩子懂事地点点头，像放下了沉重包袱一样，高高兴兴地加入到了小朋友中间。

因为爸爸妈妈吵架，孩子的情绪发生了很大的变化，孩子会有很多的担心，担心爸爸妈妈不要他了，担心爸爸妈妈不来接他回家。由于吵架，给孩子带来的是不安全感。孩子多么希望看到父母彼此恩爱啊！夫妻之间和睦了，孩子才能有安全感，才能给孩子创造出有利于成长的生活和学习环境。砺智文化说："父母的第一使命，就是为孩子提供一个好的家庭环境。"如果夫妻之间争吵不断，让孩子担心、忧虑，孩子怎么能健康成长呢？给孩子提供一个幸福和谐的成长环境是父母责无旁贷的责任。

我的感悟

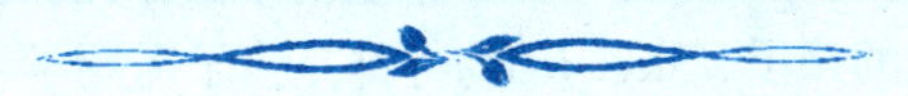

给孩子一个属于自己的空间

瑞瑞是个五岁的小男孩，语言表达能力很强，由于父母包办得较多，孩子的能力很差。为了全面了解瑞瑞在家的情况，我多次与瑞瑞的爸爸交流，有一次意外得知，每天晚上爸爸要瑞瑞练习两页的加减法题。

我听后感到震惊！一个刚刚五岁的孩子就要被迫学习不应该这个年龄段学习的知识，爸爸却美其名曰："为了不让孩子落下太多。"很多的家长只重视孩子的智力开发，却忽视了孩子生活技能和习惯的培养，孩子在这方面已经落下很多。砺智文化说："孩子的大脑不是一部等待填充的容器，而是一支期待点燃的火把！"学龄前的幼儿学习的范围非常广泛，如果将学习仅仅局限在书本知识上，未免太狭隘。

人们普遍对孩子的智力开发非常重视，而忽略了情商的培养。情商主要是指人在情绪、情感、意志、耐受挫折等方面的品质。哈佛大学心理学博士戈尔曼在现代心理学研究中表明，一个人的成功，80%在于情商，智商只占20%。卡耐基也曾说过，一个成功的管理者，专业知识所起的作用是15%，而交际能力却占85%。一个一遇到困难就哭哭啼啼的孩子，解决问题的能力也高不到哪里去；一遇到挫折就找借口的孩子，他的责任心也好不到哪里去；遇事缩手缩脚、不敢出面的孩子，他能有胆量闯荡世界？事事依赖家长的孩子，将来必定也是一个啃老族……

由于受应试教育的影响，死记硬背书本知识的不良风气已经延伸到幼儿园甚至0～3岁的婴幼儿。我们的孩子从学龄前就要学习大量的书本知识，且不说被灌输的书本知识孩子是否能掌握、理解、消化、吸收，仅就孩子学习的过程中谁能站在孩子的角度想一想，了解孩子是否感兴趣？孩子是否是主动去学习？砺智文化说："激发孩子的学习兴趣，远比教会有限的知识更有意义！"兴趣永远是第一，没有兴趣就没有一切；有了兴趣，伟大的成绩便随之而来。

很多孩子由于被我们的教育整齐划一，做事战战兢兢，生怕做不好，做不对会被批评、训斥，画画时有的孩子怯生生地说："我画错了。"我们要告诉

孩子:“画画没有对错,只要你喜欢,怎么画都行。”有的孩子不小心写错了阿拉伯数字,孩子会担心地说:“我写错了。”眼里流露出来的是胆怯。

学前幼儿学习的知识远远不只书本上的东西,周围的一草一木、春夏秋冬的四季交替、南飞的燕子、冬眠的动物等都是孩子需要学习的知识。砺智文化说:“学习是孩子的本能,当快乐学习变成了机械教育,孩子也就开始厌学了。”让我们放眼孩子的未来,保护孩子浓厚的学习兴趣,保护孩子的童真,放手让孩子去探索,孩子会通过自己的努力去尝试、去学习各方面的知识。

砺智文化说:“让孩子出类拔萃的不是过早地识字,而是游戏,游戏,再游戏!”走出早教的误区,给孩子一个属于自己的空间,让孩子在一定规则下,快乐、自由、健康茁壮地成长!

对孩子的要求要具体明确

下午离园时，孩子们需要换好鞋子才能离开。就换鞋这个环节来说，由于孩子的磨蹭，让很多的家长抓狂。这不，皓皓妈妈因为皓皓的磨蹭又着急了，大声督促皓皓说：“你能不能快一点?!”可皓皓还是按照自己的节奏不紧不慢地换鞋，妈妈无奈地再次说：“把我急死了。”我打趣道：“皓皓，你快把妈妈逼疯了。”妈妈听了我的话笑了起来。

经常听到有的妈妈告状，我的孩子做什么事都是磨磨蹭蹭的，给他说多少次了，不管用。有的妈妈说，让他快一点，快一点，还是不着急。有的妈妈说，让他将字写得认真一点，就是不听……

上述现象我们随处都能碰到，遇到事情，一方面是家长着急，另一方面是孩子不着急，对父母的督促好像是充耳不闻，问题出在哪里呢？为什么孩子对父母的话充耳不闻呢？是没有听见还是故意与父母唱反调？

其实不然，在教育孩子的过程中，我们还是不了解孩子，没有站在孩子的角度考虑问题。我们对孩子的要求一般是比较笼统抽象的，针对孩子的问题乱批评一顿，批评时说的话模棱两可，让孩子摸不着头脑，至于怎样是快一点？怎样是认真一点？怎样是好一点？怎样是专心一点？孩子不理解，也不知道怎么做才能达到家长的要求，由于这些要求不具体不明确，实施起来比较困难，所以孩子还是按照自己的方式来做事。

学龄前幼儿的思维是具体形象的，所以要求孩子做事情的时候要有一种看得见摸得着的标准，要根据孩子的年龄特点，要求孩子做的事情必须进行量化，必须有标准可依，有一个具体明确的指标让孩子执行。这样孩子做事才有方向，对父母的要求不再茫然，不再无动于衷，家长也不用再一遍遍督促，没有了麻烦、没有了烦恼，省去了孩子被指责和训斥的困惑。如果父母发出的信号不明确，父母的教育就不容易起作用。所以要求孩子做一件事情的时候，要明确告诉孩子，应该怎么做，这样做的后果是什么，让孩子收到正向的信息，让孩子明白下一步应该怎么做，并且一次不能对孩子提过多的要求，否则孩子不容易记住，最好是让孩子将您的要求陈述一遍。

就像皓皓妈妈督促皓皓快一点穿鞋一样，如果告诉孩子："当妈妈手机上的数字从 1 走到 7 的时候，你就能将鞋子穿好了。"想让孩子专心学习，我们没有必要对孩子严肃地说："专心一点！"因为孩子不知道专心一点是怎样的。可以说："安安静静看三页书你就是最棒的。"想让孩子将积木收好，如果我们说："快把积木收起来！"孩子不能理解，可以换一种说法："把积木分类后送它回家找妈妈吧。"孩子会欣然接受。

苏霍姆林斯基说："孩子的首席教育者，第一任教师，就是母亲和父亲。"孩子在成长的过程中，父母有责任和义务学会用科学的方法引导孩子。孩子所有的问题都是发展的问题，孩子现在的问题不是未来的问题，要想让孩子按照我们的要求去做，就要巧动心思，让孩子在父母无痕的教育中既快乐地将事情做好，又能维系亲子之间的良好关系，最重要的是孩子做事的积极性和主动性还能得到进一步的调动。孩子的行为需要父母的不断提醒和示范，要让孩子的良好行为得以延续，就要对孩子的良好行为给予赞美、鼓励。砺智文化说："赞美、信任和期待具有一种正向能量，它能改变人的行为。"

砺智文化说："生活是自己创造的，孩子是自己教育的——自己才是一切的根源！"只要我们是从孩子的角度出发，按照孩子的成长规律办事，孩子就一定会朝着我们期望的方向发展。沟通的效果是由对方决定的。想让孩子听父母的话，其前提是了解孩子，了解孩子的前提是尊重孩子，因为孩子的世界，与成人截然不同，倘不先行理解，一味蛮做，便大碍于孩子的发达！

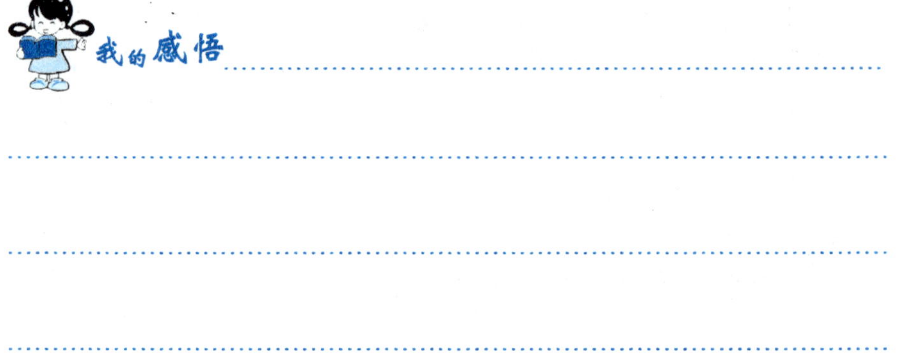

挫折教育从幼儿抓起

“六一”节已经过去一周了，欣欣还为“六一”活动中没有得到金牌哭闹着不上幼儿园。妈妈在一旁伤心、发愁，不知怎么让欣欣度过这个坎儿。“六一”节我们有一个活动，是进行穿线板比赛，比赛时分为四组，每一组第一名得到的是金牌，第二名是银牌，其余的幼儿是小贴画。

欣欣在穿线的过程中速度较慢，自然没有得到金牌。在成人看来输赢乃兵家常事，但是在欣欣那里却成了迈不过去的坎儿。孩子为什么输不起，为什么把第一、金牌看得那么重?

现在的孩子大多数是独生子女，在家个个都是小皇帝、小公主，都是在蜜罐中长大的，在蜜罐中长大的孩子以为世上一切都是以自己为主，哪里想到还有不顺心不如意的时候?！每一个父母都深深地爱着自己的孩子，都希望孩子在成长的道路上一帆风顺，不希望孩子遇到这样或那样的挫折。有的家长说：“现在只有一个孩子，疼还疼不过来呢，哪能让孩子吃苦受罪?”家长对孩子包办、溺爱，爱得过分、爱得不当造成了现今很多的孩子面对小小的挫折时委屈、伤心。一位美国儿童心理学专家说：“有十分幸福童年的人常常有不幸的成年。”这就是说，遭受挫折较少的孩子长大后会因不适应激烈的竞争和复杂多变的社会而深感痛苦。所以，孩子在幼儿阶段有必要让孩子接受一下挫折教育。

应怎样对幼儿进行挫折教育呢?

1. 平时家长适当放手，让孩子尝试、经历每件事情

孩子能做的事情，要让孩子自己去做；自己能解决的事，让他自己去解决。只有孩子经历了，尝试了，不管成功还是失败，下次遇到同样的问题，孩子才有勇气面对，才有能力克服。

2. 遇到挫折及时引导，体验成功的喜悦

砺智文化说：“成功就是简单的事情重复做！成功就是每天进步一点点！”幼儿遇到困难时，尝试了几次都没有成功，在适当的时候要给予幼儿指导和帮助，增强孩子的自信心，体验成功的喜悦。

3. 在幼儿的生活、学习活动中随机教育

父母也没有必要故意制造挫折，生活中的挫折可以说无处不在，只要做个有心人就能发现。遇到挫折父母要进行随机引导，让家庭教育生活化，生活家庭教育化！

4. 每一次面临的难题不能太多

幼儿在发展过程中，没有挫折不行，挫折过多、过大也不行，否则，过度的挫折会损伤孩子的自信心和积极性，使他们产生严重的受挫感，从而失去探索的信心。

5. 给孩子树立榜样，增强必胜的信念

砺智文化说："家长是孩子的镜子，孩子是家长的影子。"父母在挫折面前所表现出来的态度和言行对孩子的影响力很大，会成为孩子模仿的对象，会学着父母是怎样处理问题的，所以我们要注意：父母的一言一行都对孩子产生深远的影响。

6. 适当地给予批评，让孩子尝一尝失败的滋味

现在的孩子是四个成人甚至更多人围着长大的，每天听到最多的是表扬，哪里受到了一点批评，即使做错了事情，也批评不得。这样的孩子只听得好话，听到批评的话、否定的话就会表现得不高兴、接受不了。将来孩子走向社会的时候，怎么面对更大的挑战和挫折呢？所以孩子做错了事情，用恰当的方法给予指出来，既是对孩子的一种帮助，也是对孩子的负责。

7. 鼓励孩子克服困难和挫折

砺智文化说："挫折和困难如蚌之含沙，在痛苦中孕育璀璨的明珠。"失败了不可怕，要敢于尝试，鼓励孩子克服困难，积极想办法解决问题。

我们应该明白：孩子今天的挫折经验是明天走向社会的资本。家长要敢于放手，鼓励孩子勇于探索，遇到困难时适当地引导、帮助，增强孩子的自信心，让孩子明白生活有顺有逆、有苦有乐，在挫折中学会坚强、在挫折中学会自我保护，提高孩子的应挫能力。

不因为生病而失去理智的爱

贝贝是一个活泼可爱的小男孩，上一个月接连高烧了两次，不得不在家休息，这个月贝贝病愈入园了。

刚刚入园的贝贝较前相比发生了很大变化，贝贝的动作很大，成了小朋友告状的目标："老师，贝贝打我脸了。""老师，贝贝拽我的衣服。""老师，贝贝抢我的玩具了。"……一时间贝贝成了大家关注的焦点。其他老师也不明白，贝贝这是怎么了？

我经过和贝贝妈妈交流得知，在贝贝生病的这段时间他成了一家人的中心，可以说父母对贝贝是关心备至，有求必应，不管孩子的要求是否合理，家长都竭尽全力满足，贝贝非常享受生病的这段日子。现在贝贝病好了，一家又恢复到原来的样子，不再是父母关注的焦点，于是当贝贝的要求不能得到满足时，贝贝对爸爸拳打脚踢，将爸爸打急了，爸爸只是吓唬他让孩子屈服。在幼儿园里，小朋友之间是平等的，老师没有对贝贝进行特别的关注，贝贝便用打小朋友、抢小朋友的东西等方式引起老师的关注，由于老师也不明白贝贝为什么有那么大的差别，自然对贝贝的表现不理解，便对贝贝进行了批评。贝贝不服气，当妈妈来接他时便狠狠地踢教室门发泄自己的不满，妈妈也没有办法。

爱孩子作为父母人人都能做到，但是做到理智地爱的恐怕为数不多。对处在生病中的幼儿关心、体贴是应该的。当孩子的要求不合理、过分的时候，作为父母理应拒绝，不要因为孩子生病，安慰孩子或者是看着孩子可怜答应孩子，满足孩子的无理要求。生病的孩子非常享受这种待遇，即使病好了，也愿意继续享受。孩子还小，还没有是非判断能力，当孩子打爸爸的时候，家长应该告诉孩子打了爸爸，爸爸会痛的，将自己的感受告诉孩子，因为孩子还不明白他人的感受，这是父母教育孩子的最佳时机。因为孩子已经出招了，但是家长不了解，不接招，只对孩子的表面行为进行阻止甚至听之任之，自然孩子会肆无忌惮。

爱孩子是需要理智的，砺智文化说："家长无知的爱是对孩子最大的伤

害。"理智地爱孩子需要家长的不断学习，因为爱学习就是爱孩子，爱学习就是爱自己，爱学习就是爱当下，爱学习就是爱未来！为了家庭的幸福和孩子的快乐成长，请和我们一起加入到砺智文化，一起学习，共同进步！给孩子创造一个有利于成长的环境。

我的感悟

了解孩子行为背后的原因
——语言敏感期

在砺智文化家庭教育沙龙上，有一位老师妈妈说出了困扰她的一件事情：孩子最近回家说话就骂人，全家没有一个说脏话的，这是跟谁学的呢？纠正了很久也没有纠正过来，怎么办？

我们先要了解一下孩子为什么说脏话。

遇到孩子说脏话，确实令人尴尬，担心孩子会不会学坏，担心孩子一直说下去怎么办。其实也不必过于紧张，这是孩子进入了语言敏感期，也就是孩子学习语言的关键期，掌握语言最快的时期。0～6岁是孩子语言的敏感期，在这个阶段，孩子的语言处于爆发期，不管好的语言还是"脏"话孩子会全盘吸收，与人交流时会脱口而出，因为这一过程是她们在学习语言的过程，而孩子并没有感觉到是在骂人，是不好听的话。如有的孩子会说"我打死你""你是个坏妈妈，我再也不和你玩了"等。有的幼儿还会不断重复他人的话。记得带小班时，有一个叫琪琪的小男孩，不管老师说什么，一句不拉，他都会全部重复一遍，而且是那样认真、那样专注。即使老师的笑声他也要模仿，琪琪通过模仿的方式学习语言。

一般我们听到孩子说脏话会反应强烈，责问孩子跟谁学的，警告他以后不能说脏话。孩子开始时看到家长发怒会有些胆怯，但是看到父母对自己说的话有强烈的表现，反而认为是好玩的事情，会不断地重复。家长一再制止，孩子说脏话的现象会变本加厉，这种方法不可取。

家长面对孩子说脏话怎么处理呢？

1. 冷处理

处于语言敏感期的孩子，当无意中说出脏话时，我们一般要采取冷处理的方法，对孩子的话不予理睬，孩子看到父母没有反应，就会觉得自己说的话不好玩，以后说的次数逐渐减少直至不再说为止。

2. 正面回应

当遇到孩子说脏话时，家长要用正面的语言回应孩子。比如，孩子生气了，说："打死你——"妈妈回应："宝宝喜欢妈妈，宝宝爱妈妈，就像妈妈喜欢

宝宝一样。”孩子的注意力在妈妈的逗乐中转移后，不再专注说脏话。

3. 避免接触说脏话的源头

孩子说脏话不是空穴来风，一定有一个模仿源，看看与孩子交往的小朋友中有没有说脏话的，也许是从其他小朋友那里学来的；看看周围的成人甚至父母中有没有说脏话的，也许是从周围成人那里学来的，甚至是从父母的身上学来的；也许是从电视上学来的。砺智文化说：“父母的第一使命，就是为孩子提供一个好的家庭环境。”所以为了给孩子一个洁净的语言学习环境，我们要给孩子创造一个利于语言发展的环境，减少孩子模仿说脏说的机会。首先是父母用文明语言与孩子交流，给孩子树立一个良好的榜样。砺智文化说：“给孩子最好的礼物是榜样。”对于成人，提醒对方在孩子面前不要说脏话；对于其他小朋友，尽量避免与经常说脏话的孩子接触，减少模仿的机会。

4. 给予及时的表扬鼓励

砺智文化说：“赞美、信任和期待具有一种正向能量，它能改变人的行为。”当孩子说话不带脏字，或是使用了优美的语言，我们要及时表扬鼓励，让孩子有一种成就感，养成使用优美语言的好习惯。

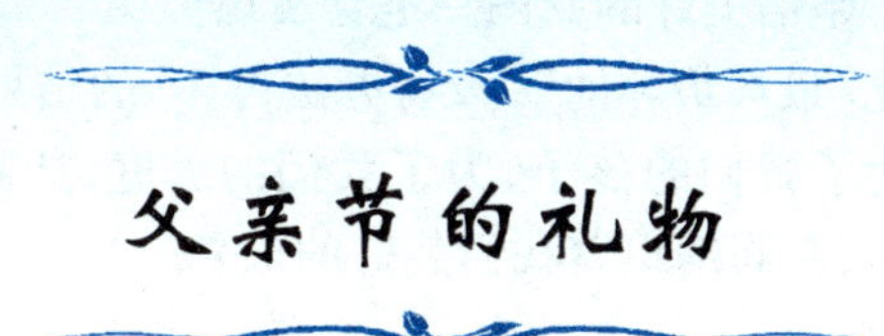

父亲节的礼物

今天是父亲节，按照以往的惯例，女儿起床后要给人惊喜的，不过今天悄无声息。不知女儿在卖什么关子。

本月20日因为女儿要进行生物、信息、历史三门功课会考，昨天下午便约了另外两名同学一起去看考场，16:30离开家，到19:00了还没有回家，这孩子干吗去了呢？

19:15女儿终于回来了，我正在电脑前学习，女儿走过来神秘地问我："妈妈，今天是父亲节吗？"我说："是啊，回来得怎么这么晚，是不是去给爸爸买礼物了？"女儿诡异地说："没有。"

没再继续问，招呼孩子吃饭。晚饭过后，女儿很神秘地拿出了一个很别致的长方形的盒子，对孩子爸说："爸爸，节日快乐！送给您的礼物，猜猜是什么？"

孩子爸拿着礼物盒，满脸笑容，以前女儿给孩子爸送过腰带、眼镜等礼物。今天是什么礼物呢？猜了半天也没有猜对，随即打开，映入眼帘的是一个漂亮的钥匙扣。女儿问："喜欢吗？"孩子爸乐开了花："喜欢，喜欢。"我在一旁对孩子爸说："快对女儿说'有女儿真好'！"这一次他还很听话，马上按照我说的对女儿说了一遍，女儿听了笑盈盈的。孩子爸对我说："你羡慕嫉妒恨吧？"我说我只有羡慕、嫉妒，没有恨，而且非常高兴，有这样懂事的女儿我高兴还来不及呢！礼物不在于轻重，而在于女儿有一份孝心，每次遇到有关你的节日，孩子都会心里想着你。孩子爸笑眯眯地点点头，爱不释手地欣赏了半天，马上将自己的钥匙换在新的钥匙扣上，然后唱着歌愉快地锻炼身体去了。

砺智文化说："走进砺智文化学习家庭教育能教育好自己的孩子，走进砺智文化从事家庭教育能更快教育好自己的孩子——爱心感染！"从走进砺智文化的那一天起，我就在不断改变自己、反思自己，让愉悦的心情包围着自己。通过学习，我学会了换位思考，学会了换双眼睛看孩子，换双眼睛看老公，发现原来生活是那么美，以前怎么没有察觉呢？现在的我是幸福的，

也是最幸运的。学习砺智文化家庭教育的过程是一个知识积累的过程，是一个提升的过程，在不断地积累和提升中，家庭和谐、亲子关系融洽，这不是人人都向往的吗？坚信美好的蓝图一定会实现！

从事砺智文化"最坏最坏的""没有办法再坏"的结果就是——把自己的孩子教育成功！为了我们的孩子，为了我们的家庭，让我们携手并进，搭乘砺智文化这列动车，共同编织着我们美好的未来。

教育孩子是家长的责任

晚饭过后，我便到小区内锻炼身体。小区的广场上锻炼的人还真不少。成人在一起有踢毽子的，有打羽毛球的，有散步的，有在器械上运动的。最热闹的就数孩子们了，这里是孩子玩耍的天堂：骑自行车、玩滑板、追逐打闹、跳街舞……花样繁多，个个玩得都很尽兴。小不点儿们也来凑热闹，在人群中跑来跑去。

有一个大约三岁的小男孩特别引人注意，他在前面跑，奶奶紧跟在身后寸步不离。玩秋千，奶奶说："下来吧，小心摔着。"玩器械，奶奶说："你还小，玩不了，老老实实地站在这里，摔不着膝盖，多好。"孩子被奶奶看管得很严，没有活动的空间，老老实实站在原地不动实在难受，看到其他小朋友玩得那么尽兴，实在羡慕，趁奶奶不注意，拔腿就跑，奶奶紧随其后，二人的拉锯战又开始了。

我们可以理解老人照看孩子的心情，担心孩子有闪失不好向孩子的父母交代，但是如果以安全为由限制孩子活动，就违背了孩子成长的规律。《全国家庭教育指导大纲》明确规定：对于0～3岁的婴幼儿父母要加强感知训练，提高儿童感官能力。家长创设儿童自如爬行、充分活动的独立空间与条件，随时、充分地利用日常生活中的真实物品和现象，挖掘其内含的教育价值，让儿童在爬行、观察、听闻、触摸等训练过程中获得各种感官活动的经验，促进儿童的感官发展。同时要加强家庭保护，防止意外伤害发生。

将安全教育放在第一位没有错，但是不能以此限制孩子的活动为代价，在保证安全的前提下让孩子尽情地在玩中学，在操作中探索，在游戏中成长。如果仅仅是为了不摔着、不碰着而限制孩子的活动，是一种非常不明智的做法。砺智文化说："家长无知的爱是对孩子最大的伤害！"

对于老人我们不能过多苛求，照看孩子老人已经很辛苦了，毕竟他们的观念与年轻一代有着很大的不同。作为孩子的父母，即使工作再忙再累，也要抽出一定的时间来和孩子在一起尽情地玩耍，要让孩子知道他在你心目中始终是第一位的。砺智文化说："陪伴是父母的第一天职，不可或缺！不

可弥补！！不可代替！！！”如果生养分离，父母没有承担起教育孩子的责任，对孩子造成的伤害，以后必会付出极大的代价。

砺智文化说：“把孩子教育成人才是家长最伟大的事业！”为了孩子的身心健康，需要父母做出一些牺牲，将教育孩子的重任承担起来，挤出时间来陪伴孩子，和孩子共同成长。

我的感悟 ………………………………………………

………………………………………………………………

………………………………………………………………

………………………………………………………………

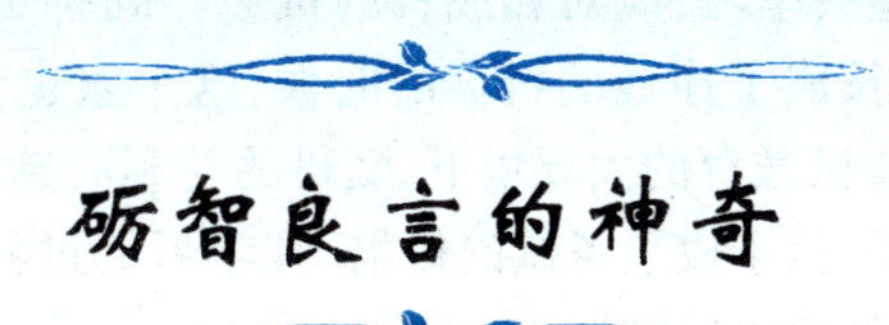

砺智良言的神奇

女儿菲菲因为考试失误受到爸爸的批评，并且爸爸两天没有搭理女儿了。听到孩子爸不正确的批评和对孩子的冷暴力，我一直忍耐，昨晚趁孩子出去玩的空隙，与孩子爸好好聊聊，结果因为我们二人的观念相差太大，最终也是不欢而散。

每天早上6:30我静静等待康老师发布砺智良言，今天的砺智良言康老师一发布让我眼睛发亮——你是真心爱孩子，还是更爱孩子的分数？天呐，康老师真是神了，此时此刻怎么知道我正需要这句话呢？不愧是家庭教育专家！菲菲爸锻炼身体去了，我诵读100遍后，随即写在小黑板上，让菲菲爸爸回来后看看，早饭过后我上班去了。下午下班回到家，看到菲菲爸有说有笑的，问女儿："你用什么魔法让爸爸高兴了？"女儿说："我也不清楚为什么又高兴了。"

晚饭过后，我主动问菲菲爸：

"看到今天我写在黑板上的砺智良言了吗？"

"看到了——"

"感觉怎么样？"

我扑哧笑了。

"问问自己的良心你是真爱孩子呢还是更爱分数？"

"真爱孩子！"

"我认为你是更爱分数，真爱孩子不会当孩子考不好时用难听的语言和冷脸对待孩子……"菲菲爸自知理亏说不过我，只是咧着嘴笑。

不用多说，不用多解释，一句简单的砺智良言竟然这样神奇，化解了菲菲爸心中的矛盾，化解了对孩子的不满，看到孩子爸的表现我心里自然安慰了很多。

孩子懂事、听话、学习好，将来考上一所理想的好大学是每一个做父母的最大愿望，但如果只关心成绩，那是一种目光短浅的表现。殊不知，孩子在成长的过程中并不是一帆风顺的，总会出现波折，孩子出现问题最需要父

母的关心，需要父母的引导，而不是训斥。砺智文化说：“孩子是必须要犯错误的，每个年龄段都要允许他犯那个年龄段的错误；如果不犯错误，就失去了通过犯错的经验去学习、应对和成长的机会。”砺智文化又说：“当孩子成了挣分的机器，家长成了挣钱的机器的时候，这个家也就没有温暖、没有人情味了！”但是在应试教育的大环境下，父母的功利心越来越重，成绩成了衡量孩子的唯一杠杆，孩子成了考试的机器，在学习的过程中没有体验到学习的乐趣，没有享受到童年的快乐。

砺智文化告诉我们：家长的浮躁、烦躁、急躁、暴躁、狂躁是家庭教育之大忌，在教育孩子的过程中孩子需要的是榜样而不是批评……句句砺智良言实实在在地敲打在我们的心坎上，让我们警醒，让我们反思，让我们改进，让我们成长……

一天天的坚持中，心态平和了；
一天天的坚持中，心境宁静了；
一天天的坚持中，孩子改变了；
一天天的坚持中，家庭温馨了；
一天天的坚持中，语言流畅了；
一天天的坚持中，思想深邃了；

也是在一天天的坚持中，砺智文化长大了；
也必然在一天天的坚持中，砺智文化成功了！

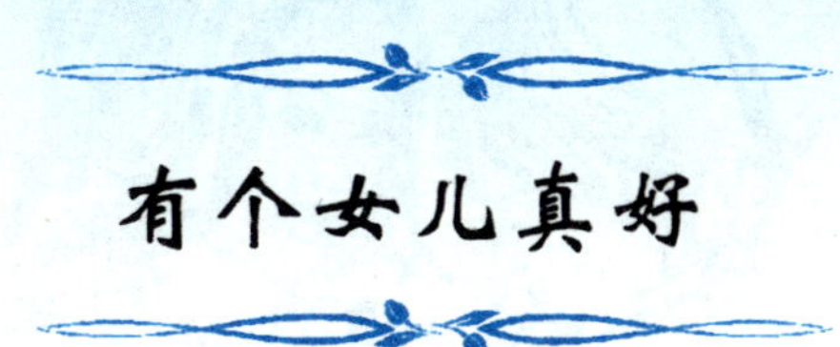

有个女儿真好

放暑假了，女儿终于有了很多可以自由支配的时间。

由于从小放手的缘故，女儿的自理能力、主动性、约束力、自制力比较强，这得益于我这个“懒”妈妈，有时爱人会笑我：“上哪里找你这样当妈妈的。”说归说，不过我心里还是很高兴的，因为经过锻炼女儿的能力确实很强。

暑假到了，我想利用暑假的时间进一步锻炼女儿做家务的能力。经过商量，暑假期间要女儿承担买菜做饭的事情，孩子一口答应下来。女儿果然不负众望，饭菜做得有板有眼。当我们回到家，女儿已经将菜炒好，稀饭盛上来，筷子已经摆好了。面对女儿的劳动成果我们称赞有加，跟康老师学习的“有女儿真好”运用上了。女儿听了满脸笑容，对孩子的行为予以肯定，相信这一行为会得到进一步的强化。爱人说：“我不舍得让孩子提前做这些家务，将来让孩子承担很多。”我明白爱人的心思，但让女儿做家务不是要女儿做得有多好而是给孩子一个锻炼的机会，通过锻炼能力会进一步增强。康老师在他的《第七只小天鹅的启示》一文中强调：孩子最终要成为社会人，走进社会需要的是能力，即便有了知识也一定是要转化为能力的。培养孩子的适应能力、生存能力、创造能力、创新能力比灌输知识更重要。相信女儿终有一天会因为从小得到锻炼而终身受益。

砺智文化说：“生活是自己创造的，孩子是自己教育的——自己才是一切的根源！”走进砺智文化学习砺智文化家庭教育将自己的孩子教育好，将自己的家庭经营好，给孩子创造适合成长的环境，放手让孩子去做能做的一切，相信孩子终有一天会从一个自然人成为一个具有健全人格和良好性格的社会人。

我的感悟

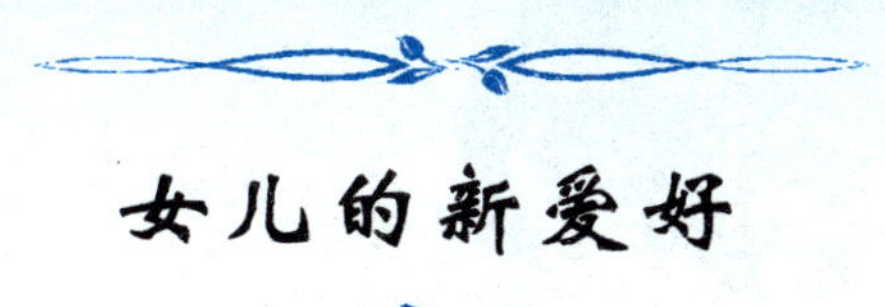

女儿的新爱好

临近期末考试时，女儿的学校又安装了几台乒乓球台，这可引起了女儿的极大兴趣，每天放学后都要约上几个同学打上一个小时，虽然水平不咋地，但是热情不减。每天回家后都会向我汇报战果。

这段时间，女儿的话题就是如何打好乒乓球，看到她眉飞色舞的样子非常陶醉，我就做一个好的听众，陶醉其中吧。

放暑假了，女儿开始在我耳边唠叨："妈妈，和您商量一件事。"

妈妈："什么事？"

女儿："我好好考虑考虑，您先要稳住。"

女儿又在卖关子。

我不急于问，也没有表态，静静地看着女儿。

女儿："妈妈，您怎么这么沉着？"

女儿想要答案。

终于女儿沉不住气："我想报名打乒乓球。"

妈妈："考虑清楚，如果真想学，就要坚持，后果自己承担，不要心血来潮、半途而废，报名的费用由自己负责，安排好自己的学习时间，能做到吗？做到了，以后的事情自己决定。"

我这样一说，女儿明白自己应该怎么做了。

砺智文化告诉我们：不要代替孩子决定，要让孩子学会选择。当孩子需要家长的帮助时，我们不能急于肯定或否定，将事情的利害摆清楚，将决定权交给孩子，并且要让孩子承担后果。女儿果然没有食言，每天积极投入训练中，三个小时高强度的训练回到家时已全身汗流浃背，稍作休息，又全身心地投入学习中。我非常欣赏孩子玩时全身心地投入，学习时高度集中。

砺智文化说："不要代替孩子体验，要让孩子学会品尝！"说得真好！既然孩子已经选择了自己喜欢的运动，而且全力以赴，运动学习两不误，多好的事情。让孩子做自己喜欢做的事情，在体验的过程中，有了快乐、有了成就感，还有什么比这更幸福的事吗？

我的感悟

孩子的记忆力差吗?

轩轩是一个两岁多的可爱的小女孩,别看人小可是语言表达能力很强,一天到晚小嘴巴停不下来,有时说出的话常常让人忍俊不禁。

看着可爱的小轩轩,一直照看她的姥姥认为轩轩该是学习的时候了,不要耽误了孩子的大好时光。姥姥说干就干,第一件事就是——认字。主意已定,于是姥姥开始忙活起来了,将字整理好打印出来,然后贴在茶几玻璃板下,不管孩子愿不愿意便开始教轩轩认字,可是轩轩现在的兴趣不在认字上,面对着黑黑的像小蝌蚪似的东西,轩轩不感兴趣,最让轩轩感兴趣的是外面的精彩世界,外面的小石子需要等轩轩拿回来,楼下有个小窟窿轩轩还不知道里面装的是什么。那天看到几根树枝,想拿回家时姥姥嫌脏不让拿,不知现在还在不在。当姥姥教轩轩认字时,轩轩心不在焉,姥姥教了几天,开始轩轩还能记住,过了几天,将认识的字已经忘得一干二净了。姥姥沉不住气了,埋怨轩轩的记忆力太差了,这么简单的几个字都记不住。

孩子的记忆力真的很差吗? 砺智文化告诉我们:家长无知的爱是对孩子最大的伤害。婴幼儿的记忆力从胎儿时期就开始了,并且随着年龄的增长,记忆力不断增强,轩轩的记忆力很好,只是姥姥不了解罢了。每天像完成任务似的要求轩轩认字,但轩轩对于姥姥生硬的认字方式一点也提不起兴趣,要说记住,也是机械记忆,记住后没有运用,过几天又不认识了,再说轩轩也没有到认字的敏感期啊,当然孩子没有兴趣去学习,记忆的效果差就更不用说了。

砺智文化说:"孩子的大脑不是一部等待填充的容器,而是一支期待点燃的火把;让孩子出类拔萃的不是过早地识字,而是游戏,游戏,再游戏。"轩轩的姥姥不顾孩子的发展特点、不管孩子是否感兴趣,想当然地让轩轩认字,孩子在识字的过程中并没有体验到识字的快乐,见到汉字反而让孩子畏惧。

在"不输在起跑线上"错误口号的引导下,很多家长想当然地或心血来潮或攀比心理逼迫着孩子学习更多的书本知识,但是由于方式方法不正确,

导致孩子毫无兴趣学习，让孩子对学习产生厌烦情绪。拔苗助长的教育方式不可取，它带给孩子的只能是痛苦。

砺智文化说："学习是孩子的本能，当快乐学习变成机械教育，孩子也就开始厌学了。"鲁迅曾说过："……孩子的世界，与成人截然不同；倘不先行理解，一味蛮做，便大碍于孩子的发达。"想要了解孩子的世界，想让孩子快乐学习、有兴趣学习，需要父母改变教育策略、懂得此时此刻我们的孩子想的是什么？需要的是什么？然后满足之，孩子爱上学习也就水到渠成了。怎样改变？如何满足？那就需要父母好好学习，努力提升自己的家庭教育观念，一切问题就迎刃而解了。

我的感悟 ……………………………………………………

……………………………………………………………………

……………………………………………………………………

……………………………………………………………………

请放手，孩子能行！

吃饭对婴幼儿来说既是一件大事，又是一件简单的事，也是父母一直放心不下的大事。你看，孩子已经五岁半了，很多的爸爸妈妈、爷爷奶奶对孩子的吃饭问题仍然不放手，而且对于孩子在幼儿园能否吃上饭存有疑虑。孩子在幼儿园两餐一点都是自己动手，不需要他人的帮助，为什么在家里就需要家人呢？是不相信孩子自己能吃饭？还是父母不放心？归根结底是父母不放心。

程程吃饭成了我班的一大风景，每次吃饭，饭含在嘴里如同嚼蜡，无法下咽，不是饭菜不可口，是因为程程不会咀嚼。通过与姥姥沟通，我们才发现了一个大秘密：因为姥姥"爱"外孙，担心孩子吃饭噎着，给孩子做饭时，只要是提供给孩子吃的所有食物一律切碎，姥姥的理由是：切碎了孩子就不用嚼了，直接咽下去就可以了。姥姥的"高级发明"虽然省去了咀嚼的程序，但是让孩子错过了最佳咀嚼期，导致孩子的咀嚼功能退化。哎，愚昧的爱，这样的爱不要也罢。

康老师在《决定孩子一生的8个关键问题》中说道："家长要学会放手让孩子自己成长，过度的保护导致孩子的无能，无能就是最大的伤害。"很多的父母对孩子的习惯不去培养、孩子的生活技能不去重视，却对孩子的吃饭问题过度关注，担心孩子吃不饱，担心孩子吃不好，拒绝让孩子动手吃饭。由于过度包办，孩子的能力在下降，孩子的小肌肉群得不到锻炼，要求孩子书写的时候，孩子能有劲握笔吗？将来孩子上学握笔都有困难。吃饭本来是一件很简单的事情，什么年龄做什么事情，孩子已经到了自己吃饭的年龄，自己有想吃饭的意识，有自己吃饭的能力，可是我们的父母们却是一百个不放心，好像只有自己喂孩子，孩子才能吃饱、吃好，让孩子自己来吃，她哪里会吃？怎么能吃到嘴里呢？在喂的过程中，孩子主动吃饭的意识没有了，在喂的过程中，孩子的饮食习惯不但没有得到培养反而被破坏掉了，在喂的过程中，让孩子养成了挑食、偏食、吃饭难的习惯。吃饭的时间一而再再而三地延长，能吃到晚上11点的孩子有，一顿饭能吃3个小时的也大有人在。这

不是危言耸听，这样的事就发生在我们身边。大家思考一下，放手让孩子自己吃，一切问题不就解决了吗？为什么将简单的问题复杂化？家中有吃饭难的幼儿确实让人焦虑，但是孩子为什么吃饭难，父母应该好好考虑一下。

砺智文化说："不要代替孩子体验，要让孩子学会品尝。"孩子不是温室里的花朵，需要经历很多的事情，每一件事情对孩子来说都是一笔财富，所以需要父母学会放手让孩子去体验，相信孩子一定能做好，因为孩子总有一天会离开父母温暖的怀抱走向社会的。

善于改变教育思路和方法

在陪伴孩子成长的过程中，我们会遇到各种各样的问题，遇到问题时，我们不要像孩子一样遇事一根筋、不撞南墙不回头，我们要巧动脑筋，由被动变为主动，由强势变为孩子的好伙伴。

最近，明明妈妈就遇到了一件烦心事。有一天下午明明由妈妈接回家了，回到家的明明像撒了欢一样在沙发上又蹦又跳，妈妈说："明明，不要跳了，沙发让你跳坏了。"明明看了看妈妈，继续跳，妈妈又喊："明明，妈妈告诉你了，不要跳了，你怎么就是不听呢？"妈妈不厌其烦地喊了一遍又一遍，可是明明将妈妈的话当耳旁风还是不停地继续跳。

为什么妈妈的劝说无效呢？

1. 孩子从幼儿园接回家，一般父母忙于家务，将孩子丢给电视或玩具后便忙起来，孩子没有玩伴，只能自娱自乐，孩子在自己的世界里正玩得兴奋，哪里还顾得上妈妈的劝告呢？

2. 理解孩子，在没有陪伴孩子的情况下，孩子总得找一个释放口吧？总得有机会满足自己一下吧？阻止孩子，不如给孩子一个建议，将孩子从沙发上领下来，到另一个地方玩耍，既能让孩子继续玩下去，也不至于亲子之间出现不和谐的音符。

3. 孩子在沙发上蹦来蹦去，也可能是想引起家人的注意，让家人关注他更多一点，可是我们没有时间，孩子正跳得起劲，越阻止他越来劲，不如干脆不理他，孩子跳累了自然就停下来了。

4. 孩子年龄小，控制力较差，孩子正跳得起劲，强制让孩子停止不可能。如果妈妈换一种方式效果可能好得多得多：明明，再跳十次或者最长的针走到哪个数字就不跳了，这样孩子心理上有一个缓冲的准备，执行起来也较容易，孩子的自觉性和克制力在这样有趣的过程中渐渐培养起来，用浅显易懂的方式比单纯的说教更有说服力。

面对孩子正在进行的活动，强制停止或是打骂的方式不可取。看到孩子的不良行为我们首先应稳定自己的情绪，不要急躁。砺智文化说："家长

的浮躁、烦躁、急躁、暴躁、狂躁，是家庭教育之大忌！”想一想要用什么好的策略既能达到自己的目的，还能维系好良好的亲子关系，唯一的办法只有改变自己的教育思路和教育方法，最后双方才能皆大欢喜。

我的感悟 ……………………………………………………

……………………………………………………………………

……………………………………………………………………

……………………………………………………………………

将担心、焦虑转化为祝福

我看到一则故事《你诅咒你儿子多久了》,读来耐人寻味。故事讲述的是俄勒冈州波特兰的一位牧师和他的太太因儿子离家出走而烦恼不已。他们找到一位心理咨询师,向他诉说他们的苦楚。咨询师的一句"你已经诅咒儿子多久了?"让老夫妇惊讶不已。当咨询师将"诅咒"解释为"诅咒是指说另一个人的不是"时,牧师低着头说"他一出生我就诅咒他到现在,可是结果无效"。咨询师给他们开出了"我要挑战你和你的妻子,在接下来的两个月,当你们想到这儿子时,要祝福他,而不是想到他的不好。我要你们祷告,求上天赐福给他。当你们说起儿子时,要记得他好的一面,说他的好话"的药方。牧师夫妇坚持服用咨询师的"药方",十天后,他们接到了儿子报平安的电话;两周后,他们全家人在一起聚餐,并说出"很享受和你在一起"的话,饭后,儿子跟随父母回到了家,父亲真诚地请求儿子原谅自己,他们开始和好。

故事中的牧师夫妇将平时对孩子的数落变成赐福,孩子果然朝着父母期望的方向发展。这个故事应验了砺智良言:赞美、信任和期待具有一种正向能量,它能改变人的行为。你可能会说:"我们家长都是爱孩子的,怎么会诅咒自己的孩子呢?"我们都深爱着自己的孩子,但是在教育孩子的过程中,看到孩子调皮,看到孩子无节制地上网,看到孩子学习成绩倒退,看到孩子不听话……家长的讥讽、挖苦、唠叨、训斥各种不利于孩子的话会朝着孩子扑面而来,致使孩子越来越逆反,越来越疏远我们。讥讽、挖苦、唠叨、训斥带给孩子的是负面的信息,传递给孩子的是:你不是好孩子,你做不好,你这一辈子也没有出息。家长的担心、焦虑挫伤了孩子做事的主动性和学习的积极性,我们应该学习故事中的牧师夫妇,想要改变孩子,首先应改变自己,想要孩子变得越来越好,就转变我们的教育思路,将平时对孩子的担心和焦虑、不满、唠叨、指责转化为对孩子的祝福,并朝着我们期望的方向夸奖孩子,将正向的信息传递给孩子,让孩子感受到我们的爱、感受到我们的关心、感受到家的温暖,在良好的家庭氛围中,在正确的教育理念下,相信我们的孩子会越来越好。

砺智文化说："不是孩子不优秀，而是家长太落后。"砺智文化又说："改变从观念开始，改变从自己开始，改变从小事开始，改变从现在开始。"作为父母，对自己的教育理念和教育方法来一个彻底的大换血，就会收获意想不到的累累硕果。

走进砺智文化，期待你的改变！

我的感悟

让孩子在信任中成长

与妈妈们聊天，聊的最多的话题当然是孩子。有的妈妈说："我的孩子自觉性太差，做什么事情都要盯紧，如果不看着，不是看电视就是玩游戏，就是不让你省心。"另一位妈妈说："我的孩子做什么事都不行，时时处处依赖你，为了他我放弃了很多……"

是否给孩子养成了良好的学习习惯暂且不说，从妈妈们的话语中明显透出对孩子的不信任、不放心。砺智文化说："信任是基石，信任是桥梁；信任是智慧的花朵，信任是心灵的力量！"信任是父母给孩子最好的礼物，信任是孩子成长的动力，给孩子信任，孩子会有责任感，有担当；不信任孩子，孩子也不信任自己，他会变着法地来应对父母。每个孩子都有积极向上的愿望，要允许孩子犯错。砺智文化说："孩子是必须要犯错误的，每个年龄段都要允许他犯那个年龄段的错误；如果不犯错误，就失去了通过犯错的经验去学习、应对和成长的机会。"如果因为不放心，事事不放手，事事代替孩子做，孩子永远也长不大，永远也不会朝着父母期望的方向发展。放心、放手给孩子做事的机会，给孩子创造成功的机会，让孩子体验成功，增强孩子的自信心。

有一个故事《妈妈，只有你能欣赏我》，读后也许会给我们很多启发。

第一次参加家长会，幼儿园的老师说："你的儿子有多动症，在板凳上连3分钟都坐不了，你最好带他去医院看一看。"回家的路上，儿子问她老师都说了些什么？她鼻子一酸，差点流下泪来。因为全班30位小朋友，唯有他表现最差；唯有对他，老师表现出不屑。然而，妈妈表现出超人的智慧，她告诉儿子："老师表扬你了，说宝宝原来在板凳上坐不了1分钟，现在能坐3分钟了。其他的妈妈都非常羡慕我这位妈妈，因为全班只有宝宝你进步了。"那天晚上，儿子破天荒吃了两碗米饭，并且没让她喂。

儿子上小学了。家长会上，老师说："全班50名同学，这次数学考试，你儿子排第49名。我们怀疑他智力上有些障碍，您最好能带他去医院查一查。"回去的路上，她流下了泪。然而，回到家里，她却用超人的智慧对坐在桌前的儿子说："老师对你充满信心。老师说了，你并不是个笨孩子，只要能细心些，会超过你的同桌，这次你的同桌排在第 21 名。”说这话时，她发现，儿子暗淡的眼神一下子充满了光，沮丧的脸也一下子舒展开来。她甚至发现，儿子温顺得让她吃惊，好像长大了许多。第二天上学时，去得比平时都要早。

孩子上了初中，又一次家长会。她坐在儿子的座位上，等着老师点她儿子的名，因为每次家长会，她儿子的名字在差生的行列中总是被点到。然而，这次却出乎她的预料，直到结束，都没听到。她有些不习惯。临别，去问老师，老师告诉她："按你儿子现在的学习成绩，考重点高中有点危险。"她怀着惊喜的心情走出校门，此时她发现儿子在等他。路上，她扶着儿子的肩膀，心里有一种说不出的甜蜜，用她智慧的头脑组织智慧的语言，说："儿子，班主任对你非常满意。她说了，只要你努力，很有希望考上重点高中！"

高中毕业了，这是一个第一批大学录取通知书下发的日子，学校打电话让她儿子到学校去一趟。她有一种预感，她儿子被清华大学录取了，因为在报考时，她给儿子说过，她相信他能考取这所学校。

她儿子从学校回来，把一封印有清华大学招生办公室的特快专递交到她的手里，突然转身跑到自己房间里哭起来。边哭边说："妈妈，我一直都知道我不是个聪明的孩子，是您……"这时，她悲喜交加，再也按捺不住十几年来凝聚在心中的泪水，任它打在手中的信封上……

这是一位伟大的妈妈，这位妈妈不管孩子处于什么状况，当面对孩子时，没有将老师反映的真实状况告知孩子，而是对孩子充满了信任和期望，最可贵的是十几年如一日地给孩子鼓励和信任，正是这种鼓励和信任，给了儿子无穷的力量和自信，儿子在信任的环境中不断成长，妈妈的信任改变了儿子的一生。

但愿每一位妈妈都能像故事中的这位妈妈一样，将正面的力量传递给孩子，给孩子不断树立信心和勇气，帮助孩子走向成功！

我的感悟……………………

……………………

幼儿自言自语正常吗?

晨检时,晨晨由外婆送入幼儿园,外婆说:“这孩子最近几天也不知怎么了,在家玩积木时常常自言自语,我听着都很吵,你说孩子这样正常吗?”晨晨外婆说的问题很多的孩子都存在,我先给外婆吃个定心丸:“孩子的表现很正常,不是什么问题,请放心。”

孩子为什么会出现自言自语的现象呢?心理学研究表明:宝宝的自言自语实际上是一种创造性的说话游戏,这类游戏是宝宝发展语言能力的主要途径。宝宝自言自语时往往先要把自己想象成游戏的某个角色,然后按照这个角色的行为说话。比如,在玩积木的过程中,宝宝可能会把自己想象成某个角色,利用这个角色融入游戏中与其他的角色对话,并且常常是一边玩一边说:“我是奥特曼,我来帮助你。”“你可以这样插积木。”“一会儿我们就成功了。”“这个积木应该放在哪里呢?”在游戏的过程中,当遇到困难的时候,他们常常采用一问一答的形式解答自己的疑惑,孩子全神贯注完全融入自己的游戏中。游戏中的语言可能是爸爸妈妈平时对他说过的话,也可能是他听过的故事中的对话,可能是语言经验的综合和创造,所以作为家长我们不必太紧张。

孩子在玩的过程中自言自语说明孩子爱动脑筋,是思维发展的有声的表现形式,有助于孩子的语言发展,作为父母千万不要因为孩子吵,嫌弃孩子乱而随意打断他:“不要说了,安安静静地玩。”家长的粗暴态度会中断孩子正在玩的游戏,不利于孩子注意力的培养。父母要做一个耐心的倾听者,所以当孩子在自言自语时家长首先表现出极大的兴趣,饶有兴趣地听孩子讲,让孩子觉察到父母在关注自己,不要随意打断或者表现出不耐烦的样子。从孩子的话语中能够理解孩子在想什么,孩子的需求是什么,自言自语还能够发挥孩子的想象力和语言表达能力,这是每个孩子语言发展中必经的一个过程。

砺智文化说:“孩子在幼儿期间,蕴藏着无限的可能性,需要父母加以挖掘和引导。”所以父母要经常观察孩子,了解孩子内在的发展需求,给孩子创

造一个有利于成长的环境，让孩子的潜能得以充分发挥出来。

我的感悟

用表扬鼓励的方法正向引导孩子

早饭后是孩子们自由阅读的时间，孩子从图书角取一本自己喜欢的书，安安静静阅读，可是有个别的小朋友如达达、权权、国旗做不到，不但做不到，还带头领着其他小朋友扰乱秩序，他们成了我班的“名人”。

这种混乱的局面必须要想办法改变，用什么方法让这几个小家伙心服口服呢？我想起了砺智良言：赞美、信任和期待具有一种正向能量，它能改变人的行为。对，何不把批评变为表扬，把阻止变为期望呢？首先孩子们到阅读区前我要先声夺人：“孩子们，今天达达、权权、国旗三位小朋友要给我们一个惊喜，大家知道是什么惊喜吗？”孩子们异口同声地说：“不知道——”“我知道，他们三个今天读书的时候会非常非常认真，并且将读过的故事讲给我们听，大家相信吗？”“相信——”“老师也相信三位小朋友能安静阅读，让我们看他们的表现好吗？”“好——”孩子们又是异口同声答道。再看那三位小朋友，放好椅子后，排好队安安静静来取自己喜欢的书，有序地坐在椅子上，他们表现得出奇的好，一页一页翻看着，是那样认真、那样仔细，一改往日的起哄现象，孩子们的改变让我惊讶。当然我也不会放过这个绝佳的机会对他们进行表扬鼓励，并承诺阅读结束后每人可以得到一张小贴画。

阅读结束了，为了兑现我的承诺，请三位小朋友站在所有小朋友的面前，又一次进行口头表扬，并给每人一张小汽车的贴画，三个孩子看着小贴画，脸上露出了笑容，在整个上午的活动中不管是绘画、剪纸，三个孩子自觉遵守纪律，注意力高度集中，并且自觉自愿。

随后几天的时间，为充分调动他们的积极性，让他们的良好行为得到进一步的强化，区角游戏时给小朋友分发玩具；上课时给小朋友分发学具、课本、绘画纸、水彩笔；吃饭时给小朋友分发碗、勺；户外活动时帮助老师拿器械，凡是他们能做到的，老师全部放权交给他们来做。他们认真负责的精神和热情的工作态度赢得了老师和其他小朋友热烈的掌声，三位小朋友每天热情高涨，像主人翁一样积极参加班里的活动，起到了模范带头作用。

的确，在教育孩子的过程中，我们的本意是想改变孩子不良的行为，于

是对孩子批评、指责、训斥、压制,但是越是批评,孩子的反抗性越强,孩子反而不接受我们的管教,对我们的教育越不利,如果要求孩子做到的变成表扬鼓励,孩子就会发生质的变化。孩子没有不喜欢表扬的,受到表扬的孩子积极性会越来越高,他们的主动性和自信心会充分调动起来,这就是他们行动的动力,这就是他们改变的开始。

由于孩子的年龄小,他的经验不及成人丰富,能力不及成人那样强,知识的积累不及成人那样多,所以评判孩子做事的标准要放低。只要孩子积极地去做了,不管结果如何,都要对孩子进行表扬鼓励。通过表扬鼓励,孩子的自觉性、积极性、自信心被激发出来了。砺智文化说:“让一个人发挥最大能力的方法,就是欣赏和鼓励!”用表扬鼓励的方法正向引导孩子,效果就是好。

我的感悟……………………………………………………

……………………………………………………………………

……………………………………………………………………

……………………………………………………………………

看看你的孩子能否做得到

还有几天就要进入九月份了，九月份是新生入园的日子，每年的三月和九月对刚刚入园的孩子来说都要经历一场“生死离别”，哭喊声此起彼伏，听了让人揪心。特别是孩子的爷爷奶奶、爸爸妈妈们对孩子能否适应幼儿园的生活一直放心不下。

对于决定将孩子入园的父母们来说，首先要锻炼孩子的自理能力，不要将一切希望都寄托在老师的身上，毕竟孩子入园过的是集体生活，不像在家四个大人甚至更多人围着一个孩子转，照顾得那样周到细致。入园前的几个月需要在孩子的独立性和自理能力方面有目的地加强锻炼，提高孩子的自理能力，能让孩子很快融入新的环境中，缩短幼儿的适应期。

随着孩子年龄的增长能力也有所提高，以下年龄段孩子对应的能力，你的孩子能做到吗？

1～2 岁的婴儿，会自己用杯子喝水，能够捡起玩具；

2～3 岁的婴儿能够控制大小便，会用小勺吃饭，能够比较熟练地穿脱衣服、拉拉链；

3～4 岁的幼儿，独立性进一步增强，几乎不用老师或父母的帮助，就能熟练地自己扣纽扣、系鞋带、吃饭、洗脸、刷牙等；

5～6 岁的幼儿会洗碗，能够很好地保管自己的东西。

美国专家提出，孩子从 1 岁半起就应该开始培养孩子的自我服务能力了，这对孩子和家长双方都有好处。以上年龄对应的能力，你的孩子能做到吗？从多年新入园的孩子来看，绝大多数孩子做不到，主要原因是我们的家长包办得太多，孩子的自理能力太差，吃喝拉撒都需要照顾。自理能力差的孩子刚刚入园时对父母的依赖性很强，适应新环境的能力也很差，不是我们的孩子没有能力，而是家长的教育观念所导致的，似乎爱孩子就是代替孩子做一切事情，不顾孩子发展的实际情况，剥夺了孩子锻炼的机会，致使孩子各方面的能力欠缺很多。

砺智文化说：“教育不应该在学校由教师开始，而应该在家庭里由父母

开始。"家长要想正确地教育孩子就必须改变自己的教育观念。改变的前提就是要学习科学的家庭教育理论,然后通过反思、感悟找到适合自己孩子的教育方法,孩子才能幸福快乐,家庭才能幸福和谐。所以说锻炼孩子能力的同时,眼下当务之急是家长通过学习改变自己,砺智文化告诉我们:家长合格,孩子优秀;家长优秀,孩子卓越!

我的感悟 ....

....

....

....

分床宜早不宜晚

有妈妈咨询，孩子已经5岁还没有分床，每晚需要紧紧搂住妈妈的脖子才能入睡。妈妈对此非常焦虑："有什么好方法与孩子分床？"

孩子已经5岁还没有分床，想要分床相对来说比较困难。专家称，跟孩子分床睡的最晚时间不要超过3岁。一方面，3岁正是孩子独立意识萌芽和迅速发展时期，安排孩子独睡，对培养孩子心理上的独立感很有好处，这种独立意识与自理能力的培养，对孩子日后社会适应能力的发展有直接关系。另一方面，孩子四五岁时，到了男孩恋母、女孩恋父的时期，这个时期的恋父恋母情结比之前单纯地喜欢和父母在一起有所不同，不但会表现得对父母更加依恋，而且具有排他性，会导致孩子日后缺乏自爱、自律，甚至形成性识别障碍。因此，3岁之前分床是顺水推舟，而到4~5岁时，再分就很困难了。

著名儿童教育家陈鹤琴先生指出孩子与父母同床睡有五大害处。

1. 容易被父母压死。

2. 容易被被服窒息。

3. 很不卫生。

4. 不能安睡。

5. 养成依赖性。

既然同床睡有这么大的害处，分床势在必行，能不能分开，关键还要看父母的态度，下定决心分床前要让孩子有一个心理上的准备。那么怎样与孩子分床呢？

首先跟孩子讲道理，告诉孩子他已经长大了，大人睡大床，小孩睡小床。分床使孩子明白自己已经是小大人了，让孩子有一定的成就感。

突然分开，孩子和父母都不适应，可以先分床而不分卧室，让孩子在心理上有一个安慰。

给孩子讲睡前故事，听轻柔的音乐，让精彩的故事和优美的音乐伴随孩子入睡。

最重要的是父母的态度，既然下决心分开，决不能因为看到孩子哭得可

怜，心一软，把孩子又抱到自己的床上，那样只能是半途而废、前功尽弃。

在坚持的过程中，孩子会半夜哭醒，有可能会哭着爬到父母的床上，父母要态度坚决地抱起孩子放在他自己的小床上，这时孩子会哭闹得特别厉害，父母需要保持缄默，安慰和同情、训斥都是多余的，几个回合后孩子就会老老实实地睡着了。

砺智文化说："态度决定一切，信心面对一切，决心战胜一切，行动成就一切！"分床需要一个过程，关键看父母的态度，需要父母的爱心、恒心、耐心，只要持之以恒，态度坚决而不强硬，分床就会顺利进行，千万不能搞拉锯战。白天可以让孩子分享自己睡觉时的感受，给孩子以鼓励、给孩子以拥抱，让孩子感受到爸爸妈妈还像原来一样爱他。

我的感悟 ……………………………………………………

……………………………………………………………………

……………………………………………………………………

……………………………………………………………………

再忙也要抽时间多陪陪孩子

丽丽是个五岁半的小女孩,活泼可爱,节奏感极强,从入园的那一天起,都是由爷爷接送丽丽入园、离园,并且托儿费都是由爷爷支付的,父母只完成了生育任务,其他的都交由爷爷奶奶来完成。每当小朋友的爸爸妈妈来接时,丽丽都会流露出羡慕的眼神。问丽丽:“想妈妈吗?”丽丽立即说:“不想,只想爷爷奶奶。”看到孩子茫然的表情心里真的很难受,为不负责任的父母,为懂事的丽丽。一位家长说:“为了孩子,从天亮忙到天黑,从年初忙到年尾,我忙得很少和孩子在一起,趁现在年轻多挣钱,给孩子创造好的学习条件,等他将来长大了没有理由埋怨我。”

砺智文化告诉我们:爱我你就陪陪我,爱我你就抱抱我,爱我你就夸夸我,爱我你就亲亲我——根本不用花钱,用心就能做到。孩子需要的爱其实很简单,不是豪华的住宅、高档的玩具、华丽的衣服、孩子需要的是父母温暖的怀抱、牵着小手过马路时的叮咛、每晚睡前讲故事时甜甜的微笑。我们忙是为了孩子,赚钱是为了孩子,辛苦是为了孩子,可是孩子每天看到的是父母忙忙碌碌的背影,你给的不是孩子想要的,孩子想要的你却不能给。不管多忙多累,抽时间多陪陪孩子吧,趁孩子还在黏你的时候,趁孩子最需要父母爱的时候,舍得在孩子身上花时间,陪在孩子身边,珍惜在孩子身边的每分每秒,见证孩子成长的点点滴滴。不要因为忙碌而忽略了孩子,等我们有钱有闲的时候,孩子也已经长大了,孩子有了自己的空间,他不再需要我们陪伴了,就算你想陪,也没有机会了。孩子也许已经养成了许多的坏习惯,想改也来不及了,这不是我们想要的结果。孩子不在我们身边,就是想回味也想不起孩子小时候淘气的样子了。

砺智文化说:“陪伴是父母的第一天职,不可或缺! 不可弥补!! 不可代替!!!”童年一旦错失永不再来。

我的感悟

新生入园带给我的思考

九月份是新生入园的日子，每年开学的第一天是工作最繁忙、孩子的哭声最大、家长最紧张的时刻。

今年也不例外，当家长将孩子交到老师手上的时候，脸上写出的是焦虑，眼里流露出的是不放心，口里是对老师的一再叮咛……

与小家伙们相处两天了，这帮将近四岁的孩子们活泼、天真、可爱，同时孩子的自理能力让我们不敢恭维：有的孩子不会用勺吃饭，有的孩子不会穿鞋，有的孩子不会如厕，有的孩子不会用杯子喝水，至于起床后将毛巾被叠起来那简直是奢望。从孩子的表现看我们就不难理解家长为什么不放心了，为什么对我们左叮咛右嘱咐了。孩子不会吃饭、不会穿鞋、不会如厕、不会喝水是孩子笨吗？当然不是，是因为家长们太“爱”孩子了，家长打着“爱”孩子的旗号将孩子的一切都包办了：饭追着喂，水随时给端在嘴边上，衣服替孩子穿，随时提醒大小便……可以说家长只怕想不到没有做不到的了，结果呢？孩子什么都不会，连基本的能力都达不到。家长爱孩子，怎么才是爱？只有替孩子做了，替孩子想了，才能尽到父母之责？孩子才能幸福，家长才能安心？《全国家庭教育指导大纲》指出，四到六岁的孩子大肌肉的发展已能保障从事各种简单的活动了。由于家长的包办，孩子丧失了锻炼的机会，丧失了基本的能力，为孩子感到惋惜的同时也为家长不懂得教育而痛心。砺智文化告诉我们：管得过多叫包办，管得过频叫唠叨，管得过细叫监控，管得过死叫霸道。奉劝家长快放手，健康成长乐悠悠。孩子在幼儿期间，蕴藏着无限的可能性，需要父母加以挖掘和引导，不是孩子不优秀，而是家长太落后。

如果家长在孩子入园前，将孩子的生活技能培养好了，能节省我们老师多少时间，能减轻我们老师多大的工作量啊！我们可以将培养孩子技能的时间用在其他的活动上，孩子该有多受益啊！有的家长说：“就是因为我的孩子不会吃饭，才送入幼儿园的；就是因为我的孩子习惯不好，才送入幼儿园的；就是我的孩子不好好睡觉，才送入幼儿园的，我们就想让老师帮助我

们，让孩子在幼儿园好好锻炼锻炼。”这哪是锻炼孩子啊，分明是在磨炼老师，如果每一位家长都这么想，对待孩子已经无招可使了，将好好的孩子培养成了问题孩子，然后交给老师来纠正，让老师来承担家长应该承担的责任。请问：“家长的责任哪里去了？”

孩子的成长不能等，家长的家庭教育素养的提升不能等。这个重任就落在了我们砺智文化人的身上，需要我们去唤醒家长沉睡的心灵，需要我们引领家长学习科学的先进的家庭教育知识。推动砺智文化家庭教育，让每个家庭因砺智文化而和睦，让整个社会因砺智文化而和谐，让人与人之间的关系因砺智文化而和美，我们责无旁贷！

将孩子培养成一个幸福快乐的人

幼儿离开了父母温暖的怀抱进入幼儿园，这是孩子走向社会的第一步。如何融入集体当中，与小朋友友好相处，家长的正确引导最为关键。

走进幼儿园过集体生活，在与小朋友们的相处中产生摩擦是再正常不过的了，当出现问题的时候，家长的态度最为关键。如果遇事斤斤计较，抱着决不能吃亏的心态处理问题，孩子的心胸也宽广不到哪里去，只会培养出一个心胸狭窄、鼠目寸光，感觉事事不沾光就是吃亏的人。孩子在集体生活中应该获得的是什么呢？是幸福快乐的体验，让孩子感受到与小朋友交往是快乐的、幸福的，即使出现矛盾，被打、被撞、被抓，也要让孩子有一个积极乐观的心态，问题出现不可怕，教给孩子当问题再出现的时候，应该怎么做，积极面对才是硬道理，而不是家长事事在前冲锋陷阵。砺智文化告诉我们：父母的教育素质包括教育观念、教育方式和教育能力。父母的一言一行都会对孩子产生深远的影响。每一个父母都是爱孩子的，给予孩子正确的爱需要每一位家长认真地思考。正确的爱才能成就孩子，家长合格，孩子优秀；家长优秀，孩子卓越！

把孩子培养成一个什么样的人，决定于父母站的高度。父母需要一个正常的心态。如果对孩子的教育没有一个正确的心态，天天小心翼翼，眼睛盯着孩子是否受欺负了，表现得焦虑不安，孩子是完全能感知到的，就是再小的孩子也能感觉到。家庭是孩子的第一所学校，父母是孩子的第一任老师，长期耳濡目染，孩子从父母的身上学到的也是他人不能冒犯我，如果一旦有冒犯，必定像一只刺猬一样进行防范、反击，时时保护自己不被伤害，用敌视的眼光看待周围的一切。在这样的状态下，孩子怎么与其他小朋友相处，怎么能学会交往?!

要想让自己的孩子有所不同，家长必须先在自己的思想、言谈、行为和情绪表现方面有所不同。交往过程中出现各种问题看作一种磨炼，需要父母宽广的胸怀，父母不再做老母鸡，也不必为孩子的一次挨打而耿耿于怀；不必为一次无意的被碰撞与他人争执不下，不必为孩子被抓当着孩子的面出言不逊，让孩子从心里面感受到与朋友交往的快乐。

转变观念，用阳光般的心态看待孩子在成长过程中的问题，于孩子于自己于他人都有利，让孩子变得阳光自信、充满活力，因为把孩子教育成人，才是家长最伟大的事业。

我的感悟

用爱心和智慧引领孩子成长

有智慧的父母一定对孩子充满爱，是发自肺腑的爱。你可能会说："哪一个父母不爱自己的孩子？"当面对老师批评指责的时候，你还是用欣赏的态度对待自己的孩子吗？当孩子考了倒数的时候，你还是满心欢喜吗？当孩子调皮、捣乱的时候，你还是用欣赏的目光注视孩子吗？……很多家长做不到。因为担心孩子落在他人后面，担心孩子学习不是第一名，担心孩子不够优秀，担心孩子考不上名牌大学。由于种种担心，看孩子的眼光、对孩子的态度也就发生了质的变化。砺智文化说："爱是无条件接纳——任何有条件的爱都不是真正的爱，而是赤裸裸地管制和奴役！"

有个孩子对一个问题一直想不通：为什么他的同桌想考第一名一下子就考了第一，而他自己想考第一却才考了全班第二十一名？回家后他问道："妈妈，我是不是比人家笨？我觉得我和他一样听老师的话，一样认真地做作业，可是，为什么我总比他落后？"妈妈听了儿子的话，感觉到儿子开始有自尊心了，而这自尊心正在被学校的排名伤害着。她望着儿子，没有回答，因为她不知道该怎么回答。

又一次考试以后，孩子考了第十七名，而他的同桌还是第一名。回家后，儿子又问了同样的问题。她真想说，人的智力确实有三六九等，考第一的人，脑子就是比一般人灵。然而这样的回答，难道真是孩子真想知道的答案吗？她庆幸自己没有说出口。应该怎样回答孩子的问题呢？有时候她真想重复那几句被上万个父母重复了上万次的话——你太贪玩了；你在学习上还不够勤奋；和别人比起来还不够努力……以此来搪塞儿子。然而像她儿子这样脑袋不够聪明，在班上成绩不甚突出的孩子，平时活得还不够辛苦吗？所以她没有那么做，她想为儿子的问题找到一个完美的答案。儿子小学毕业了，虽然他比过去更加刻苦，但依然没赶上他的同桌，不过与过去相比，他的成绩一直在提高。为了对儿子的进步表示赞赏，她带他去看了一次大海。就是在这次旅行中，这位母亲回答了儿子的问题。

现在这位做儿子的再也不担心自己的名次了，再也没有人追问他小学

是成绩排第几名,因为去年他已经以全校第一名的成绩考入了清华大学。寒假归来时,母校请他给同学及家长们做了一个报告。其中他讲了小时候的一段经历:“我和母亲坐在沙滩上,她指着对面对我说,你看那些在海边争食的鸟儿,当海浪打来的时候,小灰雀总能迅速地起飞,它们拍打两三下翅膀就升入了天空;而海鸥总显得非常笨拙,它们从沙滩飞入天空总要很长时间,然而,真正能飞越大海横过大洋的还是他们。”这个报告使很多母亲流下了眼泪,其中包括他自己的母亲。

儿子之所以取得这样好的成绩,因为他有一个智慧的妈妈,当孩子遇到困难,当孩子遇到挫折,当孩子面临十字路口、当孩子不如意的时候,智慧的妈妈给孩子的是智慧的引导,而不是讽刺、挖苦、致命地打击。教育,是对生命个体的尊重和唤醒,是对人的内在潜能的开发与拓展,让孩子健康快乐地成长,需要一种平和的心境,一种智慧的胸襟,一种独特的魅力,这一切必须以宽容为基础。这一切都要归功于父母的学习力。

砺智文化告诉我们:家庭教育是一切教育的起点和基础;培养教育好孩子,就是对社会、对国家、对民族最大的贡献。孩子是否优秀,取决于家长的学习力,取决于父母的学习是否跟上孩子成长的步伐,因为家长好好学习,孩子才能天天向上!

我的感悟

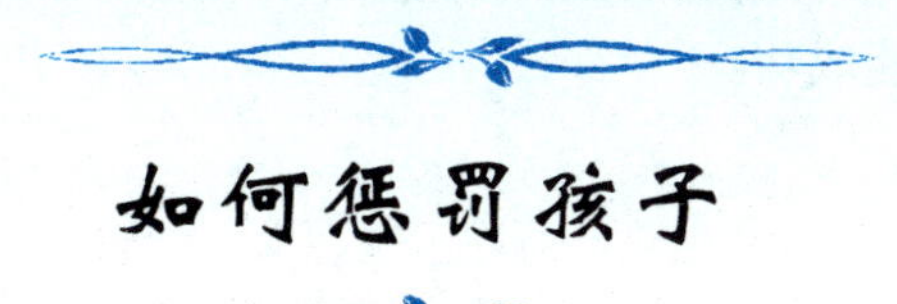

如何惩罚孩子

孩子在成长的过程中犯错是难免的,对于“犯错”的孩子我们一般采取的是批评、惩罚甚至是打骂的方式。孩子犯错,教育是必要的,但在惩罚孩子的过程中需要一个度,不能为惩罚而惩罚。通过惩罚要让孩子明白自己犯错的原因及后果,同时让孩子明白爸爸妈妈还是爱他的,不会因为犯错妈妈就不再爱他。

当惩罚孩子的时候,可以从以下四个方面进行。

1. 首先是警告

砺智文化说:“孩子是必须要犯错误的,每个年龄段都要允许他犯那个年龄段的错误;如果不犯错误,就失去了通过犯错的经验去学习、应对和成长的机会。”当孩子犯了错误,父母首先对孩子提出警告,并且要站在孩子的角度想一想孩子犯错的缘由。

2. 解释惩罚的原因

如果父母给予警告,孩子还是我行我素,家长就要采取措施终止孩子的行为,比如到惩罚角。可在家里设一个惩罚角,当孩子有了错误想要终止孩子的行为时,就让孩子到惩罚角接受惩罚。

3. 设定惩罚的时间

惩罚的目的是让孩子知道自己为什么犯错,以及以后应该怎么做,并根据孩子的年龄设定惩罚的时间,比如孩子三岁了,就让孩子在惩罚角坐三分钟。不能因惩罚而无休止地惩罚下去,通过设定时间让孩子有时间观念。如果时间不到孩子就走开了,需要孩子继续回到惩罚角。

4. 惩罚结束后要解释原因

惩罚结束后,父母要将惩罚的原因需要再跟孩子陈述一遍,目的是让孩子进一步知道自己为什么而受惩罚,让孩子对自己的行为负责任。惩罚过后父母要抱抱孩子、亲亲孩子,表明父母还是爱他的,不因其行为不好而不再爱他。

砺智文化说："家庭教育是一切教育的起点和基础；把孩子教育成人才是家长最伟大的事业。"教育孩子需要智慧，需要家长灵活变通，砺智文化告诉我们：不是孩子不优秀，而是家长太落后。用科学的方法教育孩子，相信我们的孩子一定能成功。

我的感悟

为什么孩子差别这么大

孩子们刚刚入园时他们的表现各不相同，最普遍的是自理能力特别差，差到孩子四岁了小勺都不会拿，鞋子不会穿，行为自由散漫、没有约束力，这样的孩子谁遇到谁头疼。经过两个星期的锻炼有的孩子进步很大，有的能自己独立地吃饭，有的会穿鞋子了，但是仍有两个孩子没有多少进步。

都是同一时间入园，为什么这两个孩子没有起色呢？看到孩子的表现，我内心非常焦虑，便分别与两位家长进行了沟通，两位家长的口径竟然出奇地一致："我拿这个孩子也没有办法，他就那样，和人家的孩子不一样。"不说自己错误的教育导致孩子现在的状况，反而将责任推到孩子身上。我们都是发自内心爱着自己的孩子的，都在努力追求一个目标：那就是让孩子成长得最好。只是，由于观念的不同、方式方法的不同造就了孩子的不同，他们的付出往往达不到预期的效果，主要原因归咎到家长错误的教育观念上。

砺智文化说："要想事情改变，自己首先改变；要想事情变得更好，自己首先变得更好！"我们知道任何事情的发展，都受多种相关因素的影响和制约。在教育孩子的过程中，孩子的能力表现如此差，归根结底是与家长的教育观念息息相关的。可怕的是这部分家长并没有意识到自己的教育有问题，甚至认为孩子身上出现的种种问题不是问题，因为孩子还小，因为孩子刚刚入园。这样的理由太牵强，孩子的生活技能差不是因为小，不是因为刚刚入园，而是自己错误的教育导致的。

砺智文化说："家长是孩子的镜子，孩子是家长的影子。"孩子身上折射出来的问题都是家长错误教育的结果，家庭教育是一切教育的起点和基础，孩子在不断成长，如果做家长的还是沿用传统的、落后的教育方法教育孩子，孩子不出问题那就是怪事了。砺智文化还告诉我们：家庭教育的操之过急和缓慢滞后都会摧残孩子正常的心理发育，所以说不是孩子不优秀，而是家长太落后，与其将来抱怨孩子，不如现在改变自己，放手让孩子去体验，不管结果如何，只要孩子去做了，就是好样的，经过一段时间的锻炼，孩子的进步常常能带给我们很多的惊喜。

只有家长好好学习，孩子才能天天向上，走进砺智文化做学习型家长，创建学习型家庭，与孩子共同成长，孩子会朝着家长期盼的方向发展。

我的感悟……………………………………………………

……………………………………………………………………

……………………………………………………………………

……………………………………………………………………

要用爱的细节感染孩子

不知从何时起，孩子们喜欢在幼儿园过生日。生日那天，爸爸妈妈们会特意给孩子送来一个大蛋糕以示庆贺，以后每一个孩子过生日都有一个大蛋糕。

孩子们聚在一起庆祝生日，通过分享蛋糕，分享自己的喜悦，懂得了分享的可贵。庆祝仪式开始，蛋糕搬上来了，所有的孩子都异常兴奋，眼睛直盯着蛋糕，好像马上吃到才安心，没有谁问一问今天是谁的生日，他们只是想早一点吃到蛋糕。有一次过完生日，我问孩子们："为什么过生日？"孩子们异口同声地说："吃蛋糕，买玩具，吃麦当劳、肯德基，买漂亮的衣服……"听听我们的孩子，过生日就要吃美食，就要穿漂亮的衣服，就是要买玩具。当问到谁能记得爸爸妈妈生日的时候，孩子们你看看我，我看看你，没有一个答上来的。"有没有给妈妈送过生日礼物？"接下来是一片寂静，孩子们是一脸的茫然。生日都不记得，哪来的礼物呢？

天下的父母没有不爱自己的孩子的，爱是一切教育的前提，但是在"爱"泛滥的今天，我们的付出孩子感受到了吗？我们的付出是孩子需要的吗？现实是我们的爱给予后孩子不懂得珍惜，不懂得感恩。孩子为什么冷漠？为什么不懂得感恩？错在孩子吗？砺智文化告诉我们：孩子身上的任何问题，都能在家长的身上找到根源。我们的父母只知道付出，从来没有给孩子表达爱的机会。孩子从父母那里得到的一切都是天经地义的，由于父母的爱过多、过频，孩子已经被"爱"包围得窒息，已经麻木或是认为父母的付出是应该的，我们的孩子哪里懂得感恩父母呢？

我们在爱孩子的同时要给孩子表达爱的空间，让爱成为父母与孩子之间的传送带。回到家让孩子给我们拿拿拖鞋；累了给我们捶捶背、捏捏肩；给我们递杯水；如果父母一方过生日了，另一方陪孩子一起将家布置得温馨一点，动手给父母制作生日礼物等，这些都是让孩子学习爱的表达，学习感恩的过程。只要有心，父母可以抓住一切机会给孩子表达爱的机会。砺智文化告诉我们：家庭教育生活化，生活家庭教育化。

要想让孩子懂得感恩、懂得珍惜，需要父母理智的、有智慧的爱，抓住日常生活中的点点滴滴，用爱的细节感染孩子，带动孩子，将孩子培养成一个敢担当、有责任心的人，是孩子一辈子受用不尽的财富。

我的感悟

用爱的行为影响孩子

砺智文化告诉我们:在孩子成长的道路上,父母的一言一行都会对孩子产生深远的影响。家长是孩子的镜子,孩子是家长的影子,从孩子身上就能反射出家长的教育理念、行为、方式方法正确与否。

大家都明白这样一个道理:身教重于言教,孩子的眼睛就像一部摄像机,家长的一言一行孩子会全部吸收进来,并影响着他们价值观和世界观的形成。

每一位父母都希望自己的孩子是善良的、有爱心的,但是我们在孩子面前却不一定做得那么到位。下午孩子离园的时间到了,家长急急忙忙进入门厅接孩子,由于进出匆忙,不知谁将门口的地垫给折起来一半,当时我在想:"哪一位家长能主动将折起的垫子整理整齐呢?"我在门口边送孩子边观察,一个家长领着孩子走了,又一个家长领着孩子走了,翻起的地垫好像没有引起家长的注意,家长进进出出,没有一个人将地垫整理好,任意将脚踏在上面。剩下五位家长了,他们在耐心地等待孩子换鞋子,最后还有两位家长在等孩了了,我心想今天看来是没有人能将地垫整理好了。就在我不抱希望的时候,泽泽由爸爸领着将要走出门口的时候,泽泽用小脚丫轻轻地将杂乱的地垫整理好,而爸爸却视而不见,拽着泽泽匆匆忙忙地离开了。当时真心希望泽泽的爸爸能表扬孩子这一良好的行为。虽然事情不大,但是举"脚"之劳的事情,成人没有愿意做的,还不如一个四岁的孩子。

马克思说:"为了孩子,我的举动必须非常温和而慎重。"砺智文化告诉我们:父母的言行是孩子成长的航标。每一位父母都是孩子心中的一座山,在教育孩子的时候,砺智文化说:"孩子们需要的是榜样,而不是批评。"请注意自己的言行,注重日常生活中的每一个细节,并将美的一面、善的一面展示给孩子,孩子会模仿得淋漓尽致。因为孩子的那双清澈的眼睛每时每刻在注视着你,请多用爱的行为影响孩子吧。

我的感悟

教育孩子需要耐心等待

大自然希望儿童在成人以前就像儿童的样子。如果打乱了这个次序，我们就会造成一些早熟的果实，它们长得既不丰满也不甜美，很快就会腐烂。

——(法)卢梭

现实生活中，很多的父母由于受“不让孩子输在起跑线上”错误口号的引导，不顾孩子的实际发展状况，为了不让孩子落在他人的后面，按照自己的意愿，将孩子送入各种培训班，目的是让孩子学习到更多的知识，让孩子学习到一技之长。砺智文化说：“学习是孩子的本能，当快乐学习变成了机械教育，孩子也就开始厌学了。”这就像早熟的果实，孩子的心智没有成熟，不顾孩子实际发展的需要，填鸭式地将书本知识灌输给孩子，孩子能体验到学习的快乐吗？天下父母望子成龙、望女成凤的心情可以理解，但是孩子的成长需要一个过程，学习也需要一个过程。由于承受力有限，知识的学习并非多多益善，知识和技能的学习也并非越早越好，急于求成反而坏事。砺智文化告诉我们：激发孩子的学习欲望，远比教会有限的知识更有意义。

教育是三分教，七分等。知识传授给孩子，孩子需要消化、吸收才能掌握。有的妈妈说：“我告诉他很多次了，为什么还是不会？”告诉了孩子，孩子不一定马上就能接收到，不会马上就能领会到。“等一等”对幼儿来说是很有用的。记得四岁的宇宇刚上中班时，连最起码的唱数名都不会，当时真为孩子着急。妈妈担心地说：“这孩子不会对数学不敏感吧？”一年过后升入大班，宇宇的数学发生了天翻地覆的变化，好像一夜之间开窍了，领悟得快，掌握得也快，幸亏当时我们没有给孩子施加压力，没有给孩子贴任何的标签，否则后果不敢想象。停下来，等一等，给孩子创造一个成长的空间，创造一个证明自己能力的机会，相信每一个孩子都能创造奇迹。

砺智文化说：“家长的浮躁、烦躁、急躁、暴躁、狂躁是家庭教育之大忌！”台湾作家龙应台在《孩子，你慢慢来》一书中有这样两句话：“我愿意等上一辈子的时间，让他从从容容地把这个蝴蝶结扎好，用他五岁的手指。”“孩子，你慢慢来。”——多么安静而美丽的等待啊！

我的感悟……………………………………………………

……………………………………………………………

……………………………………………………………

……………………………………………………………

离园后家长对孩子的正向引导很重要

孩子在幼儿园度过了漫长的一天，下午终于盼到了父母的到来，孩子像小鸟一样蹦蹦跳跳地飞向父母的怀抱，用灿烂的笑脸迎接父母的到来。父母欢喜地迎接孩子，嘴里不停地问："今天学的什么啊？""老师有没有训你啊？""喝水了吗？""今天吃的什么？""老师喂你饭了吗？""小朋友打你了吗？"……

孩子是很敏感的，从家长不安的询问中，知道了"我"在幼儿园妈妈是不放心的，看来"我"在幼儿园是不安全的，要不妈妈怎么那么不放心呢？家长把负面的信息传给了孩子。

接孩子离园这段时间是宝贵的，孩子从离开父母温暖的怀抱，到下午再一次见到离别了一天的父母时，孩子需要的不仅仅是父母的关心，更需要的是父母的正向引导。如果把刚才家长的不放心询问改为："今天快乐吗？交到新朋友了吗？今天你最高兴的是什么？听说今天老师表扬你了，为什么？老师夸你上课特别认真，妈妈就知道你是一个懂事的好孩子……"如果这么与孩子沟通，效果会截然不同。孩子会滔滔不绝、非常活跃地甚至是非常自豪地讲述幼儿园里发生的事情。父母从孩子的话语中可以很好地了解孩子在幼儿园中的学习和生活表现。正向的引导，我们看到孩子是阳光的、积极的、自信的，只有这样孩子表现得才会越来越好，才会越来越愿意上幼儿园。虽然是短短的沟通交流，正向的引导或是负面的旁敲侧击，对孩子的影响是截然不同的。

看到自己的孩子入园时哭哭啼啼，有的家长不解地问："怎么回事？为什么不愿意上幼儿园？"很多时候，我们需要从自身查找原因，反思自己的言行对孩子的影响是否是积极的、正面的。

孩子是否幸福快乐源于父母正确的教育理念，砺智文化说："父母的一言一行都对孩子产生深远的影响。"好好利用离园时的宝贵时光，与孩子在一起谈论正向的积极的话题，将孩子培养成阳光的、自信的、积极向上的孩子，你愿意吗？

我的感悟

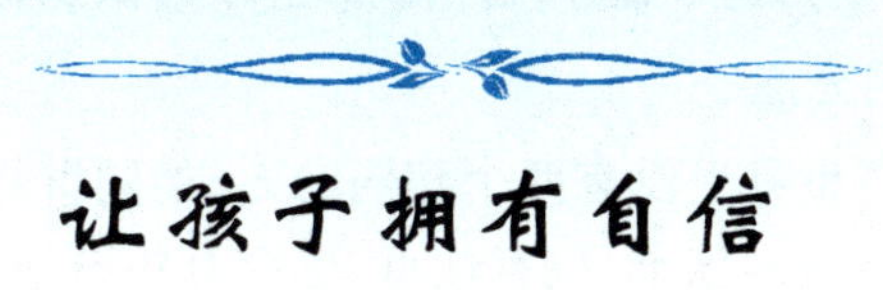

让孩子拥有自信

自信是积极的心理品质，自信是孩子走向成功的金钥匙，自信是孩子健康成长的内在动力，自信是孩子积累社会经验、大胆探索的通行证。一个自信的孩子会全身心地投入游戏中，较快地适应新的环境，勇于面对困难，喜欢尝试新鲜的事物……

孩子的自信心是爸爸妈妈在日常生活中不断给建立起来的，但稍有不慎会挫伤孩子的自信心。日常生活中，在培养孩子的自信心时，父母应该注意哪些方面呢？

1. 告诉孩子你能行，做最好的自己

孩子生长在什么样的环境中，会造就什么样的性格。如果一个孩子从小生活在“我相信你”“你能行”的环境中，慢慢地孩子会越来越行，孩子就真的能行了。“我能行”是对自我的认可，是对潜能的激发，是对未来的信心。砺智文化说：“父母的第一使命，就是为孩子提供一个好的家庭环境。”检查自己的教育环境是否有利于孩子的健康成长。

2. 放手让孩子得到锻炼

培养孩子的生活自理能力，让孩子做力所能及的事情。注重孩子做事的过程，只要孩子去做了，就要及时表扬，让孩子有一种成就感。这种放手让孩子得到锻炼，才能让孩子体验到成功的快乐，建立真正的自信，觉得自己能行。砺智文化说：“不要代替孩子体验，要让孩子学习品尝！”

3. 给予孩子的期望要适当

当要求孩子的时候，要根据孩子的实际情况，提出适合孩子的要求，不要让孩子努力了半天，也无法成功，孩子收获的是失败，没有体验到成功，孩子会认为自己能力不行，自己太笨了。要让孩子跳一跳够得着，通过自己的努力，终于成功了。给予孩子的是“我能行”。

4. 寻找孩子的优点

砺智文化说：“优点不说不得了，缺点少说慢慢少！”这才是真正的家庭

教育。多夸孩子的优点，有的家长说："我的孩子没有优点，我看到的全是缺点。"那是家长缺少发现优点的眼睛，换个角度看孩子，朝着自己期望的方向夸奖孩子，孩子会变得越来越好，自信满满。不信试试看。

5. 善于发现闪光点

砺智文化说："世界上没有两个相同的人，如同世界上没有两片相同的树叶！"即使能力再差的孩子，也有优点，也会有将事情做好的时候，也会有不同于他人的地方，父母要有一双火眼金睛的眼睛，善于捕捉孩子闪光点的眼睛，及时鼓励。孩子信心百倍，做事会更有兴趣，更有积极性。

孩子没有自信，是我们没有给孩子建立自己的通道，孩子没有自信是我们的言行打击了孩子自信心的建立。砺智文化告诉我们：不是孩子不优秀，而是家长太落后。此话说得一点也不假，应引起家长的深思啊！

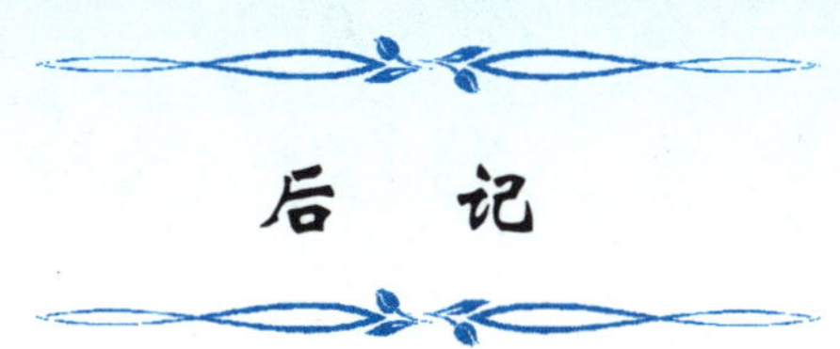

后　记

20 年的幼教生涯，让我接触到了不同类型的家长，不同类型的家长培养出了不同类型的孩子。看到家长教子心切但是心有余而力不足，致使原本好好的孩子被教育成了问题孩子，怎么不让人痛心?! 家长错误的教育理念和行为引起了我的共鸣，激发了我的思索。

幸运的是，我有缘与康老师相识，有缘走进砺智文化，发现这里是一片广阔的天地。砺智文化已经有了一套完整的体系和模式。砺智文化的运作模式深深吸引了我，世界上还有这样系统的学习模式? 我惊喜万分! 现在砺智文化已经成为我生活中密不可分的一部分。融入砺智文化两年的时间里，“学习+写感悟”成了我生活中的主要内容。砺智文化告诉我们：要想成为家庭教育的“行家”和“专家”，“学习+写感悟”是自我提升的不二法门，所以我践行砺智文化提倡的“简单、相信、听话、照做”的八字方针，写感悟的过程是一个学习的过程，是一个反思的过程，写感悟促使我养成了良好的观察习惯和思考习惯，感悟中的案例来源于我的工作和生活，相信大家对此很感兴趣，案例中家长错误的教育理念和方法希望每一位渴望教子成功的家长朋友能引以为戒，能给予启迪。

“学习+写感悟”是每一个砺智文化人必须做到的，我只是在做一个砺智文化人应该做的事情，却得到了康健老师和张洁老师的高度重视，并把写好的感悟编辑出版，本书才有了与大家见面的机会。砺智文化改变了我的生活，改变了我的人生轨迹，这里是我成长的摇篮，是我成功的舞台。

康健老师和张洁老师在与出版社合作的过程中，在编审、校对、配插图的过程中倾注了大量的心血，感谢康健老师和张洁老师对我的真诚引领和帮助! 感谢砺智文化对我的鼓励! 感谢家人的默默支持! 在此一并致谢! 由于认识水平有限、笔力不及，错误在所难免，欢迎不吝指正。

王英霞

2013 年 7 月 28 日